LES ÎLES
DE LA FRANCE

O
E

LES ÎLES DE LA FRANCE

TEXTES DOMINIQUE LE BRUN • PHOTOGRAPHIES BRUNO BARBIER

Flammarion

Sommaire

Au bonheur des îles

Ci-contre : lumière d'été sur les îles de la Côte d'Azur. Entre les îles de Lérins et Cannes, la mer est comme un miroir sous les rayons du soleil.

Pages précédentes : l'atmosphère des îles bretonnes résumée en deux images. La lanterne colorée d'un phare (Sauzon, sur Belle Île en Mer) et un petit port de pêche où la marée basse laisse les canots à sec (île de Batz).

Parce que leurs paysages ont résisté aux agressions de la modernité, parce que leurs habitants entretiennent un art de vivre trop souvent oublié sur le « continent », les îles séduisent. Cependant, elles ne se dévoilent jamais qu'à ceux qui ont appris à les connaître en leur faisant la cour dans les règles de l'art. Cela n'est d'ailleurs pas très difficile ; pour se faire accepter d'une île et de ses habitants, il est juste quelques petites choses à savoir.

D'abord, adoptez le moyen de transport le plus traditionnel : à la vedette ultrarapide qui expédie la traversée en quelques minutes, préférez toujours le vieux bateau plus lent qui laisse le temps au paysage de s'imposer au regard. Car la traversée conditionne grandement le premier sentiment que vous inspire une île au moment où vous y posez pour la première le pied. On s'en rend bien compte en arrivant à Sein après avoir longé les falaises sauvages du Cap et traversé le légendaire Raz de Sein. Il en va de même pour les îles d'Hyères. En y arrivant depuis Le Lavandou ou Cavalaire – ce qui implique une traversée d'une ou deux heures au lieu de vingt minutes depuis la presqu'île de Giens – on découvre d'abord la Corniche des Maures et le cap Bénat déjà magnifiques : les plages de Porquerolles n'en paraissent que plus surnaturelles ensuite.

Et une fois sur l'île ? si elle n'est pas trop étendue – Grande-île de Chausey, Batz, Aix… – faites-en le tour en longeant les plages ou en suivant le sentier des douaniers. Au moment où l'on retrouve ses propres traces devant soi, même si la balade n'a pas duré une demi-journée, c'est comme si on avait fait le tour du monde ! Mais l'ambiance véritable d'une île ne se révèle qu'à ceux qui y passent au moins une nuit, surtout si elle est toute petite et qu'en principe « il n'y a rien à y faire ». Hoëdic et Molène avec leur unique hôtel en sont de bons exemples. De fait, au moment où le dernier bateau du soir a disparu derrière la jetée du port, une bouffée de sérénité enveloppe les lieux, on respire un calme parfait. Vous n'êtes plus regardé comme un simple visiteur et si vous restez discret, modeste, la communauté insulaire ne demande qu'à vous accepter.

Justement. Parce que dans la notion d'insularité, nous voyons toujours une petite communauté humaine vivant sur un espace restreint, cet album ne nous emmène que dans une vingtaine d'îles alors que le littoral français en totalise presque dix fois plus. C'est pourquoi n'y figure pas la Corse, dont la superficie est celle d'un pays ! Et c'est parce qu'ils ne sont pas habités en permanence que nous n'évoquons ni les archipels de Glénan et des Lavezzi, ni les îles Saint-Marcouf, des Ébihens, d'Ehr, Tomé, Sieck, Stagadon, Vorlenn, Trielen et tant d'autres encore, dont le nom à lui seul invite pourtant au voyage.

Îles de NORMANDIE

CHAUSEY

MONT-SAINT-MICHEL

CHAUSEY

DOUBLE PAGE PRÉCÉDENTE : entièrement classé réserve naturelle, l'archipel de Chausey abrite une flore fragile. Genêts, chardons bleus... c'est toute la beauté de la lande.

CI-CONTRE : les fonds de sable et de roches sont les repères des crevettes de bouquet et des crustacés pêchés au casier à l'aide de petites barques pointues appelées doris ; ou à pied, lors des grandes marées basses.

EN HAUT : le voilier reste la manière privilégiée d'aborder une île. Ici Grande-Île, sur l'archipel de Chausey.

PAGE DE GAUCHE : à marée basse, les immenses étendues laissées à découvert deviennent le territoire des marcheurs.

GRANDE-ÎLE fait partie des rares endroits au monde où l'on peut voir la marée monter et descendre à vue d'œil. Avec 15 mètres de différence entre les niveaux de pleine et de basse mer en vives-eaux, l'archipel de Chausey connaît les plus fortes marées d'Europe et parmi les toutes premières au monde. Pour trouver plus fort, il faut aller en Nouvelle-Écosse ou au Japon. Songez que 15 mètres équivalent à la hauteur d'un immeuble de cinq étages. Ici donc, à mi-marée de vives-eaux, la mer monte ou descend de 4 mètres en une heure, soit 1 centimètre toutes les 10 secondes ! C'est tout simplement stupéfiant, et nombre de plaisanciers s'y laissent prendre. Accostant leur annexe pneumatique au débarcadère à marée haute, ils l'amarrent toujours un peu court, puisqu'ils montent juste faire une course à l'épicerie-buvette. Mais voilà... Il suffit de rencontrer une connaissance – juste le temps de prendre des nouvelles de la famille – et, quand ils reviennent, le canot est suspendu par l'avant au quai. Si par malheur on a pris le temps d'arroser ce plaisant hasard d'un ballon de muscadet, il y a toutes les chances pour que le bateau se balance au-dessus de la surface de l'eau. La mésaventure est tellement courante que les pêcheurs n'en sourient même plus.

Conséquence des marées importantes, l'archipel ne compte pas le même nombre d'îles à marée haute et à marée basse. Pour les uns, on en dénombre 52 à la pleine mer et 365 au bas d'eau. Pas du tout, rétorquent les autres : en dehors des pleines mers de vives-eaux qui en recouvrent un certain nombre, on compte en effet bien plus de 52 îles. Tandis qu'en descendant, c'est un

52 ÎLES À MARÉE HAUTE, ET 365 À MARÉE BASSE.

EN HAUT : sur la cale de Grande-Île, à l'heure du dernier bateau.

EN BAS : un voilier gréé à l'ancienne va passer la nuit dans le mouillage du Sound.

PAGE DE DROITE : sur Grande-Île, la seule terre habitée de l'archipel, il n'existe pas de voiture. Pour transporter le ravitaillement venu du continent, la carriole reste reine !

continent entier que la mer découvre. Les deux points de vue se tiennent, mais quelle que soit la façon dont on voit les choses, les terres émergées de Chausey à pleine mer totalisent une superficie de 65 hectares ; à marée basse, la mer en laisse 5 000 à découvert ! Le plus impressionnant à Chausey ne réside d'ailleurs pas tant dans le nombre et la superficie des terres découvertes que dans la vitesse avec laquelle le paysage évolue.

Montez sur une des hauteurs de l'île, une ou deux heures avant la marée haute. Aux rochers de Gros-Mont par exemple (près de l'ancien sémaphore) où la vue porte sur toute la partie nord de l'archipel. À l'infini s'étendent les bancs de sable clair et d'immenses étendues de vasières couvertes d'algues. À un moment donné, on voit des langues d'eau commencer à s'y glisser, ajoutant des touches turquoise à un paysage où dominent pour le moment le blanc et le gris du sable, le vert et le brun des algues... Mais soudain, tout change. Avant qu'on ait pris conscience de ce qui se tramait, la mer a tout recouvert. Jusqu'à l'horizon, on ne voit plus que le bleu de la mer, constellé des taches rousses des rochers. Il s'en est fallu de deux, trois minutes, pas plus.

Autant dire qu'à chaque grande marée, les pêcheurs à pied débarquent par régiments entiers de Granville, haveneaux sur l'épaule et panier à crevettes en bandoulière. À peine descendus de la vedette, ils investissent les grèves d'un pas décidé. Chacun sait où il va : là où, gamin, il pêchait avec ses parents, qui eux-mêmes... Dans certaines familles des côtes à marée, du Cotentin à la pointe de Bretagne, l'emplacement de flaques à crevettes et de trous à homards relève du secret de famille... Inutile de le préciser, à Chausey où l'on pêche une crevette de bouquet magnifique, les bons coins sont disputés, même si la zone de pêche paraît infinie.

Mais attention, les kilomètres et les kilomètres carrés découverts par la marée composent un véritable labyrinthe. Une fois engagé dans le fouillis de rochers, d'îlots, de mares, la vue est limitée à quelques dizaines de mètres. Pour s'y repérer, il faut connaître les rochers : leurs formes caractéristiques permettent d'en identifier certains au premier coup d'œil. Parfois, il faut monter au sommet d'un îlot pour faire le point, et il ne s'agit pas de s'y tromper, sous peine de se faire piéger par la marée. De ce point de vue, l'estran des îles Chausey est particulièrement traître puisque la mer monte de partout à la fois. On voit ainsi des débutants qui, s'étant éloignés de Grande-Île en direction du nord, trouvent au retour la mer devant eux. Car l'onde de marée arrive plus vite par le sud ! Dans pareille situation, le réflexe salutaire consiste à chercher dans le paysage le plus proche îlot recouvert d'herbe : on s'y réfugiera pour attendre la basse mer suivante, hors d'atteinte de la marée haute.

EN HAUT : romantique, l'épave de ce chalutier abandonné dans l'anse à Gruel, au pied du sémaphore.

PAGE DE DROITE : vue sur l'est de l'archipel, depuis les rochers de Gros-Mont ; à perte de vue s'étendent des îlots où nichent des colonies de goélands, des bancs de sable où courent les huîtriers-pies en quête de coquillages.

Le granit de Chausey servit à construire le Mont-Saint-Michel.

En fait, l'étranger qui s'aventure à basse mer aux alentours de Chausey a toutes chances de s'égarer. Mais ceux qui fréquentent les lieux depuis leur plus jeune âge connaissent chaque caillou par son surnom (Caillou Pissou, Artichaut, Dos d'Chva...). Ce qui n'est pas très difficile dans la mesure où beaucoup d'entre eux montrent des lignes géométriques très caractéristiques. Fantaisie de la nature ? Pas du tout. Depuis le Moyen Âge, Chausey sert de carrière. Son granit au grain parfait a servi à édifier l'abbaye du Mont-Saint-Michel, les quais de Cherbourg, les remparts de Saint-Malo. On le retrouve paraît-il jusque sur les bordures de certains trottoirs parisiens.

On peut se demander comment les bateaux de jadis pouvaient transporter des blocs de granit pesant pour la plupart quelques tonnes... Ces embarcations relativement fragiles puisque construites en bois étaient forcément de taille modeste, afin de se glisser au milieu des récifs. Mais ils étaient spécialement conçus à cet usage : les « bateaux coucous » étaient de grosses chaloupes dont la quille était percée d'un puits doté d'un treuil (exactement comme ceux qui servent à puiser de l'eau dans une cour de ferme !). Ainsi, le bloc de granit à débiter était, à marée basse, ceinturé de chaînes aboutissant à un point de levage. À marée montante, le coucou approchait ; la chaîne sortant de son puits était

maillée au bloc de granit ; au fur et à mesure que la mer montait, la chaloupe venait se positionner au-dessus de la masse à déplacer, jusqu'à ce que le puits se trouve à la verticale du point de levage. À l'aide du treuil, la chaîne du puits était tendue jusqu'à ce que le coucou se trouve étroitement collé, échoué sur le bloc de granit. Il n'y avait plus qu'à amarrer la chaîne : la force d'Archimède ferait le reste. En effet, la mer continuant à monter et le bateau commençant à flotter, le granit suivait. Et, bientôt, le coucou se mettait en route pour rejoindre, en eaux profondes, un navire dont les palans et cabestans chargeaient sans peine le bloc.

Autant s'aventurer sur les grèves peut s'avérer aventureux, autant le tour de Grande-Île par le sentier des douaniers est une balade tranquille et magnifique. Il y en a pour une toute petite demi-journée et là, au moins, on ne risque pas de s'égarer. D'ailleurs, dès le débarcadère, on trouve le balisage de ronds jaunes typique du sentier du littoral (aménagement pour les promeneurs de l'ancien chemin des douaniers ; on le trouve tout au long des côtes françaises) qui nous entraîne autour de l'île. Suivons-le sans nous étonner, bientôt, de franchir un portail de jardin. La villa blanche à volets bleus devant laquelle on passe ainsi était la maison-atelier du peintre de marine et navigateur Marin-Marie (1901-1987). Ensuite, on trouve successivement la chapelle de Chausey et une ancienne ferme (peu avant 1990, il y avait encore des vaches et des poules...) aujourd'hui aménagée en gîtes ruraux.

Plus loin, à droite au pied d'un calvaire, se groupent des maisons basses : c'est le hameau des Blainvillais où vivaient autrefois tous les pêcheurs de Chausey. En contournant les Blainvillais, on découvre l'anse de la Truelle qui, à marée haute, s'avère idéale pour se baigner en toute sécurité. Les photographes apprécieront, en haut de la plage, deux épaves de bateaux de pêche très esthétiques. Noter aussi un hangar à bateaux en ruines : il fut édifié dans les années 30

PAGE DE GAUCHE : l'ancien sémaphore offre le meilleur point de vue pour guetter le moment où la marée montante recouvre soudain les grèves.

EN HAUT : des chemins agréables permettent de faire le tour de Grande-Île en un peu moins de trois heures.

EN BAS : à la moindre brise les oyats s'animent, se couchant sur le sable des dunes.

En haut et à droite : près du phare, deux forts. En haut, les défenses créées pour prévenir un débarquement britannique ; à droite, les ruines qui furent transformées en résidence par Louis Renault, grand amoureux de Chausey.

En bas : les gros blocs de granite qui caractérisent les paysages de Grande-Île sont couverts d'une toison de lichen dorés qui s'illuminent sous le premier rayon de soleil.

par le constructeur automobile Louis Renault pour y abriter un de ses bateaux. Mais nous en reparlerons. Pour l'heure, on passe maintenant sous l'ancien sémaphore, occupé par le Groupe ornithologique normand qui organise régulièrement des visites de l'île : elles sont annoncées sur le tableau d'informations situé en haut de la cale.

Passez par les rochers de Gros-Mont dont nous évoquions au début de ce texte le panorama qu'ils offrent sur le nord des îles. On longera ensuite la Grand-Grève, ouverte aux vents d'ouest, sauvage, superbe. Une pointe élevée, couverte de landes et de fougères, la sépare de Port-Homard, jolie plage de sable fin que domine Château-Renault, ainsi baptisé parce que l'industriel l'avait restauré dans les années d'avant-guerre pour y recevoir le Tout-Paris. On passe devant la piscine naturelle que la marée se charge de vider et de remplir, avant de monter sur la partie haute de Grande-Île. De là, on redescend au Port-Marie dont la table à pique-nique est très disputée.

Le sentier monte ensuite, raide, jusqu'au phare. Derrière le phare se trouve le Vieux-Fort, aménagé en studios pour les pêcheurs : jeter un coup d'œil sur la cour, pittoresque. Il fut construit en 1866, à un moment où les Anglais envisageaient un débarquement militaire sur Chausey ! La vue s'étend sur le Sound (prononcer « son »), ce chenal où les bateaux de pêche comme de plaisance se mettent au mouillage, dans l'est de Grande-Île. Sous le phare, le sentier se perd un peu.

En se guidant sur la corne de brume, on atteint la pointe sud de l'île où on retrouve une sente qui longe la grève et la falaise, avant de revenir vers l'hôtel et son voisin, le café-restaurant-épicerie qui constituent le « bourg ». À ce propos, une précision s'impose : Chausey n'est pas une commune, Grande-Île constituant un quartier de Granville et comptant à ce titre cinquante électeurs. Quand même...

MONT-SAINT-MICHEL

Qu'on le découvre depuis les grèves où les pêcheurs de crevettes s'empressent au long de la Sélune, ou qu'on en scrute les vieilles demeures depuis les remparts ou les escaliers de l'abbaye, le Mont présente toujours la même image magique.

PAGE DE GAUCHE : le rempart nord offre une vue plongeante unique sur la chapelle Saint-Aubert et l'immensité des grèves.

EN VOYANT LE GUIDE s'engager dans la rivière à la recherche du gué, nous comprenons soudain pourquoi il ne faut jamais au grand jamais s'engager sur les grèves seul. Car nous venons de perdre tout sens des distances. Voici de cela un instant, nous marchions tranquillement sur le sable dur, à grands pas vers la silhouette ténue mais bien nette du Mont-Saint-Michel. Depuis notre départ du Bec d'Andaine, sur le côté normand de la baie, nous avions tendu une oreille amusée à ses explications sur les sables mouvants et la marée qui monte à la vitesse d'un cheval au galop, rattrapant impitoyablement ceux qui se laissent surprendre. Mais sur cette étendue de sable plane, où le danger pourrait-il se cacher ? D'ailleurs, tout à côté

« MONT-SAINT-MICHEL-AU-PÉRIL-DE-LA-MER », COMME DISAIENT LES PÈLERINS D'ANTAN...

EN HAUT : la chapelle construite sur un rocher miraculeusement déplacé pour permettre à l'évêque Aubert – au tout début du VIIIe siècle – d'édifier l'oratoire autour duquel une abbaye fut construite.

EN BAS : La très faible pente du relief explique pourquoi, à marée montante, l'onde de marée envahit brusquement toute la baie, ne laissant aucune chance aux imprudents qui se sont laissés surprendre. Sur la photo, qu'on se rassure, ces randonneurs suivent au contraire la marée descendante !

maintenant, Tombelaine dresse son énorme rocher de granit clair au-dessus d'une masse de végétation épaisse. Si à l'instant nous étions poursuivis par le flot, ce serait un refuge idéal : il suffirait de traverser ce chenal dont en entend murmurer le courant.

C'est en arrivant au bord de l'eau que nous avons compris : là où nous imaginions avoir vu une rivière, s'étend à perte de vue une surface argentée ; comme une mer instantanément jaillie du sol. Tombelaine ? On croirait que l'île a reculé. Le Mont-Saint-Michel n'est plus qu'une tête d'épingle sur un horizon nimbé de brumes. Et en nous retournant vers la côte du Cotentin – pour se rassurer ? – nous constatons que la côte que nous pensions tout juste avoir quittée paraît désormais bien lointaine...

« Surtout, vous ne bougez pas ! », commande le guide. Aucun risque. Nous ne le quittons plus des yeux comme il marche droit vers le large, s'enfonçant dans l'eau presque jusqu'à la taille, devenant un point infime sur l'immense surface argentée avant, enfin, de se dresser sur un banc de sable. « Marchez droit sur moi maintenant ! » Au ton, on sent bien qu'il ne faudrait surtout pas s'écarter d'un pouce. « Droit ! », insiste-t-il à plusieurs reprises, car très vite le courant nous fouaille au-dessus des genoux. Il faut lutter pour garder le cap. Enfin, nous rejoignons celui duquel – nous le savons maintenant – dépend tout simplement notre vie.

Dans nos yeux, il lit que nous prenons désormais la baie au sérieux. C'est vrai, il n'est plus besoin de nous expliquer pourquoi les pèlerins de jadis disaient se mettre en route pour le Mont-Saint-Michel-au-Péril-de-la-Mer. « Maintenant, je vais vous montrer des sables mouvants. » Comme il s'éloigne de quelques mètres, nous constatons que le sol tremble sous ses pas. Un mouvement, et le voici enfoncé jusqu'aux chevilles. Il recule et revient sur le sol ferme : « Si vous vous enfoncez jusqu'aux genoux, vous ne vous en sortirez pas sans aide : c'est pour cela que j'ai une corde sur mon sac à dos. Mais elle ne sert jamais... » Explication : les lises, comme on appelle les sables mouvants, sont formées par la lutte entre le courant des rivières et les vagues de la marée montante. Ainsi se forment des

poches remplies d'un mélange d'écume et de sable que recouvre une couche de sable plus dur. Si on perce ce pont, on disparaît dans une espèce de mousse qui contient trop d'air pour qu'il soit possible d'y nager.

« L'autre problème, ajoutera-t-il plus tard, c'est la brume. Elle arrive sans prévenir, sous la forme d'un nuage roux. À peine apparu à l'horizon, il est sur vous. Une fois dans le nuage, sans boussole, on tourne en rond sur les bancs de sable jusqu'à ce que la marée montante vous rattrape. Même le marquis de Tombelaine s'y laissa prendre. » Vous verrez peut-être le portrait sur des cartes postales anciennes de ce barbu farouche qui, dans les dernières années du XIXe siècle, était en réalité le bonimenteur du premier musée ouvert sur le Mont. Pêcheur à pied professionnel, il résidait sur Tombelaine qui se fait de plus en plus petite au fur et à mesure que le Mont grandit. Curieux endroit. La légende veut que l'île ait abrité les amours clandestines du chevalier de Montgomery et d'Hélène de Terregatte. Le preux ayant perdu la vie lors de la bataille d'Hastings, la belle apprenant la nouvelle tomba raide morte sur la grève. On l'enterra sur l'île, qui s'appela dès lors Tombe d'Hélène. Une autre version de l'histoire présente toutefois un Montgomery pillard de villes et d'abbayes, qui avait fait de Tombelaine un repaire inexpugnable. On sait qu'au XIIe siècle, il y eut ici une forteresse et un prieuré. Nicolas Fouquet, le ministre de Louis XIV, fut aussi propriétaire des lieux qu'il fortifia : dans quel but ? En tout cas, le Roi-Soleil fit tout raser.

Mystérieuse Tombelaine : l'îlot paraît tout proche de la côte, à la portée des promeneurs. Mais les chenaux du Couesnon, de la Sée et de la Sélune, dont les gués bougent sans cesse, en réservent l'accès aux seuls spécialistes de la baie.

À L'ORIGINE ÉTAIT UN SIMPLE ORATOIRE...

CI-CONTRE ET CI-DESSOUS : deux images emblématiques : les prés salés qui bordent le Couesnon, et la rue principale où se succèdent les boutiques de souvenirs. Au Moyen Âge déjà, cette rue était célèbre pour ses marchands !

PAGE DE DROITE : La plate-forme de l'Ouest offre un coup impressionnant sur les verticalités de l'abbaye. On voit ici le coin extérieur du cloître.

Tout autour de nous jusqu'à l'horizon, c'est un Ténéré de sable gris clair qui nous entoure, le désert complet. La côte normande se trouve à seulement 3 km derrière nous, mais si basse qu'on ne la distingue pas. Dans le sud pointe le triangle aigu du Mont : un coup d'œil sur la carte indique qu'il se trouve à seulement 2,5 km, mais il paraît bel et bien au bout du monde. Et c'est précisément cette sensation de se trouver « au beau milieu de nulle part » comme disent les Anglais, qui fait de la traversée des grèves un moment unique, une préparation mentale indispensable à une rencontre exceptionnelle, une transition nécessaire entre le monde des mortels et celui de l'éternelle Merveille.

Comme la silhouette du Mont commence à se préciser, un éclat doré scintille soudain à la pointe de sa flèche, comme une étoile. C'est la statue de l'Archange. Faute de référence dans le paysage, impossible d'imaginer qu'elle se dresse à 157 mètres au-dessus de la grève. On croirait plutôt d'ailleurs que ses ailes soutiennent l'ange en plein ciel. À partir de ce

moment-là, croyant ou athée qu'importe, on est bien obligé de s'abandonner à l'émotion au fur et à mesure que les détails architecturaux se dévoilent.

Ici donc s'établit, au VIIIe siècle, un oratoire puis une abbaye qui se développa peu à peu. Sous la prodigieuse construction qui aujourd'hui pointe vers le ciel, on oublie aujourd'hui la première abbaye romane. L'œil est fasciné par les arcs-boutants graciles et les dentelles de granit dont certains pèlerins crédules ont jadis cru qu'ils ne tenaient que grâce à la prière permanente des fidèles.

Après les solitudes de la baie, le contact avec la foule des touristes sur le parking payant ne manque pas de rudesse. Le Mont-Saint-Michel accueille 3,5 millions de visiteurs par an... Soit 10 000 personnes qui s'entassent quotidiennement dans la rue où les boutiques de souvenirs rivalisent de vulgarité plus encore que de mauvais goût. Il paraît que Louis XI déjà s'offusqua du mercantilisme ambiant lorsqu'il vint en ces lieux créer l'ordre des Chevaliers de Saint-Michel (en même temps qu'il faisait du Mont une prison !).

« ... LA PRIÈRE ÉVIDAIT JUSQU'AU PRODIGE L'ÉLAN DES ARCS... »

ROGER VERCEL

Le chœur lumineux de l'abbatiale aussi bien que le cloître perché entre ciel et mer et l'immense réfectoire (page de droite) illustrent le talent des moines bâtisseurs à capter la lumière.

Mais on peut limiter les dégâts. Évitez la rue marchande ! Entrez dans le Mont par la porte cochère de la maison des Fanils, au bout de la petite grève qui s'étend en face de l'entrée principale : vous trouverez alors un chemin qui conduit droit à l'abbaye en évitant toutes les maisons. Même si vous vous fourvoyez en franchissant la porte du Roy, il reste encore deux solutions : la première consiste à monter tout de suite sur les remparts, à droite. Le chemin de ronde mène à la salle des gardes où commencent les visites, au niveau de la tour Claudine. Vous y parviendrez aussi en empruntant l'escalier des Monteux, une succession de degrés et de venelles qui s'ouvre sur la gauche juste après le célébrissime restaurant de la Mère Poulard.

Puissiez-vous découvrir l'abbaye hors saison... car la foule empêche de se sentir tout petit en gravissant l'imposant escalier appelé le Grand Degré. En réalité, la Merveille à proprement parler ne représente qu'une partie de l'abbaye : un ensemble d'immenses salles voûtées occupant trois étages, sur la face nord du mont. En se superposant exactement, l'aumônerie où les pèlerins pauvres étaient accueillis, la salle des Hôtes réservée aux nobles, et le réfectoire des moines, reproduisent la hiérarchie sociale du Moyen Âge. Le réfectoire est le plus étonnant de ces lieux. En y entrant, on se demande d'où provient la lumière qui l'éclaire, mais au fur et à mesure qu'on s'avance, des baies apparaissent, ménagées au fond d'étroites embrasures. L'acoustique remarquable de cette salle est une conséquence de la règle de saint Benoît, selon laquelle les moines prenaient leur repas en écoutant des lectures. Dans le prolongement du réfectoire se trouve le cloître richement ouvragé ; pas une sculpture ne se retrouve deux fois sur ses chapiteaux. Et pourquoi ces piliers très fins et répartis en quinconce ? Pour limiter le poids, car la caractéristique principale de l'abbaye est de se trouver bâtie largement en débord du rocher, prenant appui sur un ensemble de piliers qui se soutiennent les uns les autres.

Dans cette prouesse technique réside pour une bonne part la magie des lieux. Dans *Sous le pied de l'Archange*, le romancier Roger Vercel écrit qu'en appuyant la main sur une des dix énormes colonnes de la crypte des Gros-Piliers, on sent la pression de l'église abbatiale qui s'appuie sur elle...

J'en ai tenté moi-même l'expérience et je vous suggère d'en faire autant. Car pour y être venu à pied vous aussi, vous savez maintenant que le Mont-Saint-Michel fascine moins par son image pourtant stupéfiante que par les sensations qu'il provoque chez ceux qui sont sensibles à ses subtiles vibrations.

Îles de BRETAGNE

BRÉHAT
BATZ
OUESSANT
MOLÈNE
SEIN
GROIX
BELLE-ÎLE-EN-MER
HOUAT ET HOËDIC
LES ÎLES DU MORBIHAN

CI-CONTRE ET EN BAS : harmonie des formes et des couleurs entre les pins maritimes, les rochers roses et la tourelle jaune et noire qui balise le port.

PAGE DE GAUCHE : au sud-ouest de Bréhat s'étend une myriade d'îlots où se dresse le phare de la Croix.

d'anticyclone, quand le nordet souffle un air sec sous un ciel clair, et que le soleil toujours bas donne ses nuances les plus douces au granit rosé des rochers et des vieilles maisons. Et l'idéal serait le mois de février qui voit le mimosa triompher dans les jardinets. Cela dit, on parle de Bréhat comme d'une île-jardin et rien n'est plus juste, mais le véritable caractère de l'île ne réside pas dans l'atmosphère cosy des villas discrètes. Il faut marcher vers le nord, cap sur le phare du Paon, tout au bout des landes, là où la Manche en furie n'a jamais fini de polir le granit des récifs.

En vérité, la meilleure manière de découvrir Bréhat reste de se laisser guider par le hasard, au gré de ses chemins et sentiers qui ignorent la ligne droite et se font un plaisir d'épouser chacune des nombreuses irrégularités du relief. De toute façon, même en suivant l'itinéraire préconisé par un guide de randonnée, vous trouverez sûrement l'occasion de vous égarer tant les contours de l'île adoptent des formes indescriptibles, tant les chemins y tissent un labyrinthe perfide. Voici le piège classique : on repère une plage parfaite pour pique-niquer au soleil et à l'abri du vent. « Mais il est trop tôt, se dit-on. Poursuivons donc, sans doute même trouverons-nous mieux plus loin ! » Non, vous ne trouverez pas mieux, et midi sera passé depuis longtemps que vous errerez encore, à la recherche du sentier pourtant évident qui vous avait mené à cette plage. Plus vous la cherchez, plus elle devient paradisiaque dans votre esprit. Jamais vous n'y reviendrez ! Et même si, par chance, vous en retrouvez le chemin, vous ne la reconnaîtrez pas. Sans doute appartenait-elle aux sortilèges de Bréhat...

Quoi qu'il en soit, une certaine solitude s'impose pour apprécier l'île. Aussi, au fond du Port-Clos, là où tous les passagers de la

BRÉHAT, RÉSOLUMENT SAUVAGE SUR SA FACE NORD...

PAGE DE DROITE : avec son toit de chaume, le moulin à marée du Birlot apparaît comme un chef-d'œuvre de restauration.

EN BAS : dominant le Port Clos la Citadelle du Goaréva dresse se dissimule sous les pins maritimes. Elle fut édifiée durant le Second empire, quand l'Angleterre eut à nouveau des visées sur les îles bretonnes.

vedette tournent à droite pour se diriger directement vers le bourg, vous monterez sur votre gauche, en direction de la Citadelle. Là, plus âme qui vive. Selon la saison, l'œil se réjouit de l'éclat jaune des mimosas derrière les murs en pierre de taille, ou des masses bleues ou roses des hortensias : bleues quand ils poussent contre de l'ardoise, roses quand ils poussent contre du granit... rose. Vous passez devant des maisons basses aux fenêtres à petits carreaux entre des volets laqués de couleurs vives, exactement comme on les affectionne outre-Manche. Car, parmi les Bréhatins, on a toujours compté de ces navigateurs au long cours dont la marotte est de rapporter chez eux ce qui les a séduits ailleurs. C'est pourquoi on trouve sur l'île toute une flore exotique : aloès, agapanthes, cistes... toutes espèces qui se sont fort bien adaptées grâce au microclimat propre aux îles bretonnes. Nous en reparlerons en visitant le « jardin colonial » de l'île de Batz.

Insensiblement, le chemin vire sur la droite et le bourg s'annonce. Vous longez alors une prairie très grasse où paissent de petites vaches noires au garrot puissant. Dans le lointain, sur une éminence, une toiture orange sur des murs immaculés s'impose violemment au regard : c'est la chapelle Saint-Michel. Il ne se passe pas un jour sans qu'un visiteur féru de culture locale ne fulmine contre cette abominable faute de goût : des tuiles en Bretagne, un mur blanchi à la chaux ! Au pays de l'ardoise et du granit... Peut-être se trouvera-t-il un marin pour lui rétorquer : « Et heureusement qu'on la voit de loin cette chapelle : elle indique la passe de la Moisie. » Effectivement, le clocher de Saint-Michel est un amer précieux. Quand un bateau entre dans l'estuaire du Trieux en arrivant de l'ouest, une fois passé le grand phare des Héaux de Bréhat, il lui suffit d'aligner devant son étrave la chapelle Saint-Michel par la pyramide du Rosédo (une construction blanche située à la pointe nord-ouest de Bréhat), pour se faufiler sans risques parmi la myriade de récifs qui font de ces parages un piège pour les navigateurs.

La chapelle est, avec le sémaphore, le seul endroit qui procure une vue d'ensemble sur l'île. À son pied, remarquez cette digue en pierres couleur rouille, barrant une crique et portant un bâtiment : c'est le moulin à marée du Birlot. On n'en voit qu'en Bretagne, sur des estuaires ou au fond de baie comme celle-ci, là où la marée est assez importante pour remplir et laisser se vider un étang artificiel destiné à alimenter le bief d'un moulin. Le principe du moulin à marée consistait à barrer un petit estuaire ou un fond de baie par une digue où était ménagée une porte d'écluse. Ouverte pendant le flot, l'écluse permettait à la retenue d'eau de se

Double page précédente : à l'extrême nord de l'île, le phare du Paon dresse sa tour bâtie en granite rose extrait des rochers alentours. Quoique reconstruit après la Seconde Guerre mondiale, il a conservé une architecture classique qui lui donne une silhouette de donjon médiéval.

Entre le bourg (en haut) et le port (page de droite), partout les murs en pierre de taille abritent les jardins du vent en y entretenant une température douce et constante (ci-dessous).

remplir. Au jusant, on fermait l'écluse, et l'étang se vidait par un bief, en faisant tourner la roue de la même manière que dans un moulin installé sur une rivière. Quand le moulin à marée était installé sur un estuaire, il profitait en plus du courant de la rivière ! Un autre avantage de ce système « marée-moteur » était sa situation au bord de mer, qui permettait à des bateaux de venir charger la farine à la porte même du moulin.

Marchant maintenant vers le sémaphore, on se rend compte que Bréhat se compose en réalité de deux îles séparées par un pont. Et une fois franchi ce Pont-ar-Prad, l'île-jardin devient l'île des landes sauvages. L'atmosphère se fait même rude une fois qu'on a dépassé l'anse du port de la Corderie. Depuis l'éminence où se dresse la tour blanche du sémaphore, on devine la mer qui « travaille » la face nord de l'île, dont les énormes rochers de granit rose sont ourlés d'écume, même par beau temps.

Quelle ambiance vers le phare du Paon, à la pointe nord-ouest de l'île ! La côte est un amoncellement de rochers sculptés par les vents, polis par les vagues. Sur la grève s'accumulent des galets gros et ronds comme des boulets destinés à des canons géants. Voilà qui donne une idée de la puissance de la mer. Quant au phare, c'est une tour courtaude taillée dans le granit rose et peinte en blanc, accrochée à une vaste terrasse. On peut y monter et, en se penchant au-dessus du parapet, admirer comme le ferait une mouette le mouvement de courant et de houle à une quinzaine de mètres en dessous. La vision est tout d'abord fascinante. Mais peu à peu, l'image de la mer mouvante génère une sorte de vertige un peu effrayant. Alors on se sent pris comme d'une hâte à retrouver les jardins paisibles autour du bourg, de respirer le parfum de la végétation tiède et non plus la fraîcheur de l'iode.

On repasse de nouveau le Pont-ar-Prad et bientôt voici le bourg que nous avions évité à l'aller. Une place, une église, quelques commerces, des cafés-restaurants, tout cela sans une seule voiture. Mais oui, si Bréhat est tellement plaisante, c'est aussi parce qu'elle ne connaît pas la circulation automobile ! Pour attendre le bateau du retour sur le continent, entrons dans le restaurant Les Pêcheurs, auquel une collection d'assiettes peintes par des artistes de passage a donné une grande notoriété. Cette collection trouve son origine dans l'histoire des « verres des décapités », laquelle, qu'on se rassure tout de suite, n'a rien de morbide.

Dans les années 1900, Bréhat attira de nombreux peintres (tout comme Pont-Aven,

Bréhat ne se découvre qu'à pied. D'abord parce que la circulation automobile y est interdite ; et ensuite parce que c'est le seul moyen d'accéder aux moindres criques et grèves ; notamment sur la face est de l'île, en face des îlots de Lavrec et de Raguenès Meur (grande photo).

dans le sud de la Bretagne). Ces artistes aussi désargentés que francs buveurs, comme il se doit, fréquentaient le Café des Pêcheurs tenu par une certaine Mme Guéré, qui éprouvait souvent quelque difficulté à leur faire payer leurs ardoises. Elle en arriva un jour à menacer un rapin de se payer en lui coupant la tête, afin de servir d'exemple ! Le peintre ne fit ni une ni deux : il peignit son portrait sur un verre qu'il déposa sur le comptoir. « Je vous offre ma tête, dit-il, tout est payé. » Ses confrères firent de même, et bientôt le café changea de nom. Devenu Cabaret des Décapités, il attirait maintenant une clientèle venue contempler l'extraordinaire collection de verres peints, et qui payait comptant, celle-là !

L'île a aussi été le jardin des sciences, des lettres, des arts et de la politique, puisqu'elle fut le lieu de villégiature des Joliot-Curie, de Pasteur, de Jean Perrin ainsi que de Paul Langevin, de Matisse, de Lénine... On y vit aussi passer Ernest Renan, Prosper Mérimée, Joseph Conrad... et beaucoup d'autres célébrités. Certaines aujourd'hui s'y sont même laissé pousser des racines. Mais discrètes... car Bréhat s'est juré de ne jamais devenir Saint-Tropez.

BATZ

CI-CONTRE : bien qu'on puisse voir quelques bateaux de pêche dans le port, Batz est avant tout une terre d'agriculteurs.

PAGE DE GAUCHE : l'ombre d'un palmier sur le port et, ailleurs, des plantes tropicales, prouve que l'île de Batz bénéficie bel et bien d'un microclimat.

ELLES ÉTAIENT deux vieilles dames, deux sœurs qui vivaient seules, chacune dans sa maisonnette sur l'île de Batz. Bien que vaillantes encore, elles commençaient l'une et l'autre à être confrontées aux difficultés du grand âge. Bien sûr, on leur suggéra d'habiter ensemble – tout serait plus facile, n'est-ce pas ? Mais voici quelle fut la réponse : « Bien sûr, mais ce n'est pas possible ; on est trop différentes », avança l'une. Et l'autre précisa : « Mais oui, elle veut absolument habiter face au large, alors que moi je préfère regarder la terre. » Voilà toute l'île de Batz.

S'étendant de toute sa longueur en parallèle à la côte finistérienne dont elle n'est séparée que par un étroit chenal, cette terre compte autant de marins-pêcheurs que de paysans. Et quels paysans ! De ceux qui entretiennent, génération après génération, la passion de la terre et de la vraie agriculture. Car l'île de Batz est un terroir béni des dieux, grâce à un microclimat qui n'est pas un simple argument touristique : ici, les légumes de primeur, les pommes de terre en particulier, sont mis sur le marché avec jusqu'à trois semaines d'avance. Voyez donc les palmiers qui s'alignent au fond du port et les quelque six cents espèces de plantes réunies dans son « jardin colonial ».

La chose peut s'expliquer (mais un peu trop rapidement) en disant que Batz est réchauffée par une branche du Gulf Stream, ce grand courant marin qui apporte les eaux chaudes du golfe du Mexique jusqu'en Norvège après avoir traversé l'Atlantique Nord

SUR L'ÎLE, ON COMPTE TRENTE-CINQ EXPLOITATIONS AGRICOLES...

Porz-Kernoc'h est à la fois le port et « le » bourg de l'île de Batz ; tout autour s'étend un patchwork de champs produisant des primeurs réputées.

dans sa plus grande dimension. La vérité est cependant que toute l'Europe maritime du Nord bénéficie de ces eaux chaudes, ce qui explique qu'à latitude égale, le climat de Bordeaux est plus clément que celui de Terre-Neuve ! Le microclimat – car il existe bel et bien – vient du simple fait que se trouver en permanence entouré par la mer adoucit assez les températures moyennes pour que la végétation s'en porte mieux. Bréhat, Ouessant et Molène connaissent le même phénomène, mais dans ces îles, il n'existe pas d'agriculteurs aussi passionnés que ceux de Batz.

En débarquant de la vedette à Porz-Kernoch, on découvre un parfait petit paradis insulaire. Les maisons affichent des crépis immaculés et des volets impeccablement laqués aux mêmes couleurs que celles des bateaux de pêche : normal, c'est la peinture vendue par la coopérative maritime. Les plages aperçues lors de la traversée sont de sable plus blanc que neige entre des rochers ronds et dorés comme des pains. Pas de voitures ou presque, mais des vélos sur les chemins entre les haies de tamaris.

Faire le tour de l'île s'impose comme une évidence, et on peut alors se demander dans quel sens se mettre en route. Dans le sens des aiguilles d'une montre, ou bien à l'inverse ? Pour peu que souffle une petite brise, en effet cela importe. On pourrait même regretter d'avoir fait le mauvais choix. Mieux vaut avoir le vent dans le dos quand on suivra la côte nord de l'île, exposée au large ! Donc, par vents d'ouest, prenez à gauche une fois sur le quai ; et par vents de secteur est, tournez à droite.

Puisque sur les côtes du Finistère nord, les vents dominants sont le sud-ouest et le nord-ouest, il y a toutes les chances pour qu'on commence par longer le port en direction de la cale de lancement du canot de sauvetage. C'est une chose qu'on ne voit que sur les côtes soumises à une marée importante et ne possédant pas de mouillage à la fois bien abrité et toujours en eaux. Le canot est donc remisé dans le hangar, posé sur un chariot. En cas d'alerte, les portes du hangar s'ouvrent et le bateau dévale sur ses rails. Et ce à toute heure de la marée puisque l'extrémité de la cale donne sur le chenal de l'île de Batz.

La côte de Roscoff et de Santec paraît si proche qu'on a bien du mal en vérité à se sentir sur une île. Et surtout, dès qu'on détourne le regard de la mer, c'est pour trouver devant soi un champ, et dans ce champ

des gens au travail, parfois avec un cheval de labour. Ce doit être le dernier endroit en France où on puisse assister à ce spectacle fantastique. Il faut avoir vu ce moment où, dans une poussée de tout son poitrail, le cheval attaque un nouveau sillon. Cramponné à la charrue-sarcleuse, le laboureur engage les socs dans la terre. Et l'attelage traverse la parcelle à un rythme régulier, dans un mouvement coulé qui évoque le tangage d'un bateau. Magnifique ! Et j'entends déjà les esprits modernistes hurler au passéisme, les écologistes louer cette agriculture à taille humaine qui laisse sa place à la passion hippique et les poètes de chanter l'attachement au compagnon de toujours.

Mais un jeune agriculteur aussi dynamique que bon gestionnaire m'a dit la vérité. « Pour les petites parcelles, on n'a jamais rien trouvé de mieux. Le cheval est bien plus rapide que le motoculteur, et pour le sarclage, le travail est beaucoup mieux fait. C'est moins fatigant, en plus. » Que faut-il entendre par « petite parcelle » ? « C'est bien simple, l'île de Batz compte 160 hectares cultivables pour 35 exploitations agricoles. C'est-à-dire qu'il n'y a rien d'extravagant ici à cultiver un champ de 50 mètres au carré. »

Et partout ces volets et ces barrières pimpantes, protégés par de la peinture pour bateaux achetée à la coopérative maritime.

Double page précédente : Le fond de Porz-Kernoc'h est ourlé d'une véritable plage. Aux beaux jours, les plaisanciers de la région viennent volontiers passer la nuit à l'échouage dans cet abri parfait.

Ci-contre : le clocher de l'église Notre-Dame-de-Bon-Secours sert de repère aux navigateurs pour se faufiler parmi les nombreux récifs qui entourent l'île de Batz.

Le sentier des douaniers longe les immenses plages au nord de l'île, ouvertes au grand large : mieux vaut y marcher le vent dans le dos.

Voilà pourquoi on voit souvent un tracteur traverser l'île avec, dans sa remorque, une sarcleuse et un harnachement complet, le cheval suivant au petit trot quand il n'est pas lui-même transporté dans la remorque !

Ailleurs, on coupe et on effeuille les choux-fleurs à l'aide d'un couteau à longue lame. Pour se protéger de la rosée qui perle sur les feuilles, les agriculteurs portent les mêmes pantalons cirés jaunes que les marins-pêcheurs. Les cagettes qui serviront à expédier les légumes portent la mention : « Produit de l'agriculture écologique ». Alors que toute la campagne bretonne a été abreuvée depuis des décennies par des milliers de tonnes d'engrais à base de nitrate, une douzaine d'agriculteurs de Batz se sont réunis en coopérative pour éviter ces abus. Tous les agriculteurs de l'île n'ont pas adhéré à ce mouvement, mais même s'ils ne l'affichent pas, les autres estiment eux aussi que le goémon des grèves reste le meilleur fertilisant. Pour ma part, je demeure convaincu que le goémon utilisé comme engrais ajoute comme un petit goût d'iode aux pommes de terre qui ont fait la réputation de l'île chez les fins gourmets. Et, quoi qu'il en soit, il existe aujourd'hui un label, selon lequel la pomme de terre de Batz est ramassée à la main ou à l'aide d'une petite machine, et à un taux de maturité très précis, qui la met au meilleur de son goût et de ses capacités de conservation.

Île de paysans plus que de pêcheurs

CI-DESSUS : l'île de Batz est certainement le dernier terroir de France à posséder encore des chevaux de labour.

EN BAS : les agriculteurs ne manquent jamais une grande marée basse pour récolter le goémon qu'ils utilisent comme un engrais naturel particulièrement efficace.

PAGE DE DROITE : les quelques pêcheurs de Batz pratiquent surtout la pêche aux crustacés à l'aide de casiers.

À la basse mer de chaque grande marée, tout le monde descend sur les plages. Les plus belles algues se trouvent loin dans les rochers, là où la houle brasse la mer en permanence. Aujourd'hui, on ne voit plus guère les chevaux traîner une charrette à hautes roues jusque dans la mer. Dommage, c'était encore un prodigieux spectacle ! Mais même si cela est désormais motorisé, il faut assister à la noria des remorques dégoulinantes entre les grèves et les champs. Quelquefois, le goémon est mis à sécher sur la dune, avant d'être étendu sur les champs ; ainsi, à la première pluie ou sous l'effet de la rosée, il se transformera en une sorte de terreau marin très riche...

Tout de même, en atteignant la pointe ouest de l'île, on retrouve une atmosphère de grand large. Même par beau temps, il est rare que la houle ne déferle pas sur le semis de récifs qui débordent la côte léonarde, vers les plages de Santec et le port de Moguériec. Sur la grève de Toul-ar-Zarpant – le trou du Serpent –, le roulement des galets sous les vagues a même de quoi impressionner. En brassant par millions les galets de la grève, la mer entretient un grondement sourd, vaguement inquiétant, tel le rugissement lointain d'un fauve. La légende explique que le Serpent était un monstre qui terrorisait l'île, exigeant comme il se doit un tribut régulier d'enfants et de jeunes filles. En ces temps-là, Pol Aurélien récemment débarqué d'Irlande était évêque de Kastell-Paol, l'actuel Saint-Pol-de-Léon. Appelé au secours, le saint passa son étole autour du cou du monstre, le conduisit sur cette grève face au grand large, et le précipita dans les flots. On n'a plus jamais revu le dragon de l'île de Batz, mais depuis, un grondement terrible monte toujours de la mer. Quant à l'étole miraculeuse, l'église de Batz l'a conservée...

Sur l'île toute plate, seuls dépassent les 44 mètres du phare et le clocher de l'église.

CI-CONTRE ET PAGE DE DROITE : promenade dans le jardin Georges-Delaselle : comment pourrait-on se croire sur la côte nord de la Bretagne ?

Le Gulf Stream, courant marin chaud, entretient un microclimat.

La côte nord de l'île apparaît comme l'une des plus sauvages de tout le littoral français. Devant le vallonnement des dunes nues et l'immensité des plages, on a peine à croire qu'à quelques centaines de mètres, côté continent, Batz puisse connaître une atmosphère quasi méridionale. On veut bien comprendre comment de deux sœurs, l'une puisse préférer le large et l'autre la terre. Question de tempérament ! À ce propos, le visiteur pressé se demande en général quelle est la plus belle plage de l'île. Et là encore, c'est selon... Aod Venn, au nord-est de l'île, est à la fois spectaculaire et plaisante parce qu'une pointe rocheuse l'abrite de tous les vents de secteur ouest. Mais la plus intime reste Porz an Ilis, sur le côté continent, au pied du jardin colonial.

Le véritable nom de ce domaine exotique est jardin Georges-Delaselle, botaniste passionné qui le créa en 1897. Laissé pendant des années à l'abandon après avoir été victime d'un hiver exceptionnellement rigoureux et plus tard d'un ouragan, il réunit quelque 1 700 espèces de plantes originaires de tous les continents. Et puisque nous en sommes aux « incontournables » de l'île, n'oubliez pas le phare ! Cent quatre-vingt-dix-huit marches conduisent à sa galerie qui laisse voir la côte depuis les Sept-Îles jusqu'à l'île Vierge, ce qui représente quatre-vingts kilomètres de côtes.

OUESSANT

En haut :
Ouessantine en tenue traditionnelle. Sur l'île, le rôle des femmes est depuis toujours capital, dans la mesure où beaucoup d'hommes gagnent leur vie dans la Marine nationale ou la Marine marchande.

En bas à droite :
sur Ouessant, les maisons sont réparties sur l'ensemble de l'île, comme ici, au bord de la baie de Lampaul.

Page de gauche :
visible depuis toute l'île, le phare de Créac'h abrite un passionnant musée des Phares et Balises.

LOIN DE MOI l'idée de refuser le TGV et les lignes aériennes intérieures, mais l'époque du train de nuit Paris-Brest offrait aux citadins le plus dépaysant et le mieux chronométré des voyages. Le train de nuit existe certes toujours, mais qui aurait encore envie de passer une nuit sur une couchette dure et ballottante ? Pourtant, quel moment de gloire quand, sur le parvis de la gare, on se laisse emporter jusqu'au port de commerce par les rampes du cours d'Ajot ! Aux bureaux de la Compagnie finistérienne de navigation, on retire les billets : Brest-Ouessant par Le Conquet avec escale à Molène, voilà qui vaut bien toutes les croisières en paquebot ! Et quand on se retrouve ensuite À l'île d'Ouessant ou aux Torpilleurs, les seuls cafés du port déjà ouverts, pour prendre un petit-déjeuner en attendant le coup de sirène de l'embarquement, on est déjà en route pour le bout du monde.

Amarres larguées, l'*Énez-Eussa* ou le *Fromveur* quitte la rade-abri par la passe de l'Ouest, longeant le port militaire à l'heure précise où, à bord des escorteurs et autres avisos, on envoie les couleurs. Alors des sonneries de clairon se superposent au grondement de l'étrave qui ouvre en force son passage dans la mer courte qui annonce le Goulet, cet étroit passage qui fait passer de la rade de Brest à la mer d'Iroise où la mer jamais n'est calme.

Il ne fait aucun doute que c'est par mauvais temps d'ouest que l'archipel ouessantin mérite d'être découvert. Mais à défaut de posséder un cœur insensible aux décrochements imposés par le roulis et le tangage, l'expérience se mérite... Restez sur le pont ! Il serait dommage de manquer l'austère paysage des falaises entre les pointes du Grand Minou et de Saint-Mathieu.

À GAUCHE : à l'extrême ouest d'Ouessant, la pointe de Pern est le point le plus occidental de France : il est rare que la houle atlantique n'y déferle pas en paquets d'écume colossaux.

EN HAUT À DROITE : sur la face nord-est de l'île, la baie du Stiff offre un abri relatif des vents d'ouest dominants. C'est là que débarque le bateau venu du continent.

EN BAS À DROITE : le feu du Stiff au sommet d'une tour courtaude signale Ouessant aux navigateurs qui sortent de la Manche.

Sachez en tout cas ceci : si la traversée doit être agitée, c'est devant Bertheaume que la mer est la plus dure pour l'estomac.

La pointe Saint-Mathieu dresse son phare planté dans les ruines d'une abbaye. La mer se calme un peu comme on aperçoit le phare de Kermorvan qui signale le port du Conquet. Hormis la flottille de caseyeurs colorés qui se serrent dans leur bassin, on n'en verra pas grand-chose. Personne ne débarque, mais c'est ici en revanche que le gros des passagers embarque. Alors, se jetant dans le chenal du Four puis celui de La Helle, le bateau file sur Molène en laissant sur bâbord Béniguet et de Quéménès en même temps que les myriades de récifs qui débordent ces îles. L'escale à Molène est encore plus brève que celle du Conquet ; d'ailleurs, si la mer n'est pas assez haute, on ne se met pas à quai. Une grosse embarcation sert de transbordeur : une autre fois, nous débarquerons, nous aussi.

Et maintenant arrive l'heure de gloire, avec la traversée du *Fromveur*. Entre l'archipel de Molène et Ouessant, ce chenal offre un raccourci pour passer de la Manche à l'Atlantique. Grand fleuve marin animé par les marées, il est parcouru par des courants d'une effarante puissance : entre 8 et 10 nœuds, soit entre 15 et 20 km à l'heure ! Une fois que le bateau a dépassé le phare de Kéréon, les falaises d'Ouessant grandissent à vue d'œil car le capitaine a mis tous les gaz afin de compenser la dérive provoquée par le courant. Malgré cela, on sent le bateau qui

Jadis, le seul bois sur l'île était celui des épaves.

Ci-dessous :
le musée du Niou Uhella reconstitue un intérieur traditionnel ouessantin, remarquable par l'agencement et les couleurs des boiseries de récupération. Noter les passages étroits qui tiennent lieu de couloir, et le lit-clos, comme on appelle cette alcôve fermée par un rideau.

de temps à autre se laisse emporter dans une embardée. Puis, soudain, tout se calme. Nous sommes en baie du Stiff où le roux des fougères desséchées, le brun chaud du granit, le vert cru de la lande, le jaune vif des genêts composent une palette réconfortante contre le gris de la mer sauvage. C'est la fin de la traversée mais pas encore celle du voyage car pour atteindre Lampaul, le bourg d'Ouessant, il faut encore prendre un autocar. Midi sonne quand on pose enfin son sac à l'hôtel : sur la table trône déjà un plateau de fruits de mer et la bouteille de muscadet attend dans son seau à glace...

À Ouessant, on se déplace à vélo : au bourg comme au port, partout on en trouve à louer tandis qu'un réseau très dense de chemins et de petites routes permet d'explorer toute l'île. Comment décrire une balade sur Ouessant ? Il faut évoquer les murets de pierre sèche et les moutons en liberté qui se cachent du vent derrière des empilements de pierres ou de mottes de tourbe. Il faut dire les girouettes en forme de poisson qui pointent au-dessus des jardinets puisque, comme sur toutes les îles bretonnes, on vit au rythme des vents et des marées.

Où trouve-t-on le mieux l'esprit d'Ouessant ? Sans aucun doute en face du phare de Nividic, à l'extrémité de cette pointe ouest de l'île qui marque la *finis terræ* de l'ancien continent. Véritable éperon de granit, la pointe de Pern défie les masses d'eau océanes à la puissance indescriptible. Énorme ! À la rencontre de la Manche et de l'Atlantique, des montagnes d'eau s'escaladent entre elles. On n'en croit pas ses yeux. Le grondement des rouleaux et le vacarme de la houle qui s'effondre pourraient passer pour dérisoires par rapport aux dimensions visuelles du spectacle. Comment intégrer l'idée que la houle puisse envelopper des rochers hauts comme des immeubles de six étages ? Et ces lames géantes coiffent la tour du phare de Nividic : mais comment peut-elle donc résister à pareils assauts ? Et ces couleurs ! Lorsque la houle se déroule puis s'effondre, elle passe du gris de plomb à un vert tout à fait étrange, à mi-chemin entre le turquoise des eaux tropicales et le céruléen typique de la banquise et des glaciers.

On peut se demander comment il a été possible de dresser ce phare au large ; on le croirait planté dans le creux de la houle. La réponse se trouve au musée des Phares et Balises, installé dans les dépendances du colossal phare de Créac'h (la tour à rayures noires et blanches qui domine toute l'île). En fait, l'histoire de Nividic, la Jument, et Kéréon, les trois phares ouessantins bâtis en pleine mer, constitue une formidable épopée. Ainsi le chantier de Nividic : lancé en 1911, il ne s'acheva pas avant 1934, car on n'y travaillait que lorsque la mer le voulait bien. Et comme dans ces parages les conditions de mer sont régulièrement monstrueuses, il fut conçu dès l'origine pour fonctionner sans gardien.

Installé dans le hameau de Niou Uhella, à mi-chemin entre le bourg de Lampaul et le phare de Créac'h, le musée des Traditions ouessantines décrit par le détail l'habitat sur l'île.

On y apprend que tout est fait pour se défendre du vent ; ainsi s'expliquent les kilomètres de murets en pierre sèche, quadrillant l'île et protégeant les pâtures où les moutons errent en liberté.

Les techniciens chargés de son entretien y accédaient au moyen d'un téléphérique dont le câble était supporté par les deux énormes pylônes qu'on voit encore pointer entre l'île et le phare. La nacelle en était propulsée par deux hélices d'avion, un système digne du concours Lépine, qui fonctionna toutefois jusqu'à la Seconde Guerre mondiale.

Pour bâtir la Jument au large de la pointe sud de l'île, on profita d'un rocher qui, à certaines marées basses, émergeait de 1,20 mètre. En 1904, on réussit à y débarquer

« Qui voit Ouessant voit son sang. »

Double page précédente : En été les landes d'Ouessant sont comme un immense tapis où les diverses variétés de bruyère composent d'extraordinaires harmonies de mauve et rose.

En haut et page de droite : le bourg de Lampaul domine un port minuscule, seulement utilisé par de petits canots.

Ci-dessous : récemment restauré, le moulin à vent de Caraës. À droite, la Croix de Mission rappelle la seconde évangélisation de l'île, au XVIIe siècle !

17 fois ; en 1906, les travaux de maçonnerie ayant progressé : 39 fois. Puis 55 fois en 1908, 72 fois en 1910... En 1911 enfin, le feu s'allumait. Il était temps, car les travaux avaient été financés par un héritage, le testament de l'inconscient bienfaiteur stipulant que les travaux devaient être achevés en sept ans !

Quant au chantier de Kéréon, le gardien du Fromveur, il fut rien moins que dramatique. Entre 1907 et 1916, tout arriva : une pierre de scellement d'une échelle lâche, écrasant un ouvrier et précipitant l'ingénieur dans le courant ; une équipe de treize ouvriers est prise sous une série de vagues déferlantes imprévues qui les submergent. Aujourd'hui, dans tout l'archipel d'Ouessant et de Molène, Kéréon est le seul phare de mer gardé.

À la pointe nord-est de l'île se dresse une très haute tour qui n'est pas un phare, celle-là. À 132 mètres au-dessus de la mer, la tour du Stiff contrôle la circulation des navires entre la Manche et le golfe de Gascogne, vérifiant qu'ils restent sur les rails de navigation tracés pour les maintenir bien au large. Sa construction fut décidée en 1978, après le naufrage du pétrolier *Amoco Cadiz* et l'abominable marée noire qui s'ensuivit. Aujourd'hui, on veille : par mauvais temps, le remorqueur de haute mer *Abeille Flandres* se tient en baie du Stiff, prêt à se précipiter dès la moindre alerte.

Paradoxalement, autant les naufrages sont de nos jours une hantise, autant jadis on les souhaitait. Ils apportaient à l'île de quoi vivre ! Rendez-vous compte : il n'y avait pas d'arbres sur l'île et les cultures se réduisaient à ce que les murets protégeaient du vent. On a peine à se représenter aujourd'hui quelle aubaine pouvait représenter un navire jeté à la côte. Le bois de la coque ferait les charpentes de maisons ; les emménagements se transformeraient en meubles ; les câbles, les cordages, les agrès armeraient les barques locales... Sans parler de la cargaison : il n'est guère besoin d'imagination pour comprendre quelle fête signifiait l'échouement sur une grève d'un tonneau de vin ou de rhum...

TY KORN

MOLÈNE

À Molène, on aime la couleur. Que ce soient les tons pimpants des petits canots de pêche (page de gauche), le monument aux morts avec son poilu et son marin polychromes (ci-dessus), ou la superbe fresque qui décore l'ancien abri du canot de sauvetage (en bas à droite).

TEL UN PAQUET DE MER balayant le pont d'un chalutier en pêche, le *Cantique à Marie* déferle à travers l'église de Molène. *Ni ho salud gand Karantez, Rouanez ar zent hag an elez*... (« Nous vous saluons avec amour, reine des saints et des anges »). Le rugissement des marins habitués à hurler dans le vent ne couvre pourtant pas les voix suraiguës des religieuses de l'école Sainte-Philomène. Enfin, le prêtre lance : « Je vous souhaite une bonne semaine à tous ! » L'assemblée répond d'une seule voix : « Merci monsieur le curé », et comme les fidèles commencent à sortir, les maquettes de voiliers suspendues en ex-voto au-dessus du chœur pivotent doucement dans le courant d'air. Sous le porche, la petite foule se divise, les hommes mettant le cap sur le traditionnel apéritif du dimanche. Au café-restaurant de l'île, ils trouveront quelques touristes fraîchement débarqués

« Qui voit Molène, voit sa peine. »

Molène, un rocher au milieu des vagues tellement fortes que les galets montrent pour beaucoup d'entre eux une forme presque sphérique. Ainsi sur le tombolo qui relie Molène et l'îlot de Lédénez Vraz (photo du bas).

du bateau du Conquet, bien surpris d'apprendre que le repas ne serait pas servi d'ici un bon bout de temps puisque le restaurant fonctionne à l'heure solaire. Question de bien-être pour les propriétaires du Kastell-an-Daol, très attachés à vivre avec la nature, et motif à réactions diverses chez les non-Molénais qui arrivent sur l'île à l'heure qu'ils croyaient être celle du déjeuner. Ils se partagent en deux clans : les grincheux qui détestent le moindre dérèglement dans la vie quotidienne et les joyeux qui trouvent là prétexte à quelques tournées, en attendant de passer (enfin) à table.

De toute façon, les visiteurs ne sont jamais foule. La grande majorité des touristes va plutôt à Ouessant, plus grande, plus mythique, plus attractive avec ses phares et ses musées. Ils y trouvent davantage à visiter que sur ce gros caillou nu dont les dimensions ne dépassent pas 1,2 km sur 800 mètres. Son nom s'avère d'ailleurs fort juste, Molène venant du breton *moal enez*, « île chauve ».

Molène dessine en effet sur l'horizon marin une colline aplatie – 28 mètres d'altitude exactement – d'où émergent deux points et rien de plus : la tour de l'ancien sémaphore et le clocher. Ils dominent un village aux maisons grises, des landes et quelques champs. Voilà, c'est tout. Si le bateau d'Ouessant fait toujours escale à Molène, cette dernière ne dure jamais qu'un instant, juste le temps de débarquer quelques passagers et du ravitaillement. Mais cela suffit à déclencher le coup de foudre chez certains qui bientôt descendront à leur tour sur cette île à qui il n'a fallu que quelques instants et un sourire timide pour séduire.

Les plaisanciers non plus ne placent guère Molène parmi leurs escales favorites ; y compris ceux qui fréquentent depuis toujours les côtes difficiles du Nord-Finistère où ils ont appris à se jouer des courants de marée et des bancs de roches. Même ceux-là évitent ces parages vraiment trop délicats. Car la mer, dans ces parages, dissimule bien plus abominables traîtrises, comme j'ai pu le constater un jour en voyant une série de vagues colossales déferler soudain sur une mer pourtant calme, lisse comme on ne la voit ici que par grand beau temps et faible marée. Des lames de fond ! Ces déferlantes se forment sans prévenir lorsqu'une houle très ample vient heurter un obstacle sous-marin. « La Roche Kolve, m'a expliqué un pêcheur. Celui qui s'y laisse surprendre n'a aucune chance d'en réchapper. »

Paradoxalement, les récifs qui compliquent l'approche de Molène possèdent une vertu : casser la grosse houle du large. De la sorte, ils protègent l'île qui offre un mouillage sûr, situé à proximité immédiate des chenaux du Four et du Fromveur très fréquentés

parce qu'ils font passer au plus court de la Manche à l'Atlantique. C'est parce qu'elle possède le meilleur port de tout l'archipel ouessantin que Molène est si peuplée et active eu égard à sa taille : 280 âmes et 140 bateaux, du canot au petit chalutier. Et voilà aussi pourquoi, au milieu du port, une coque puissante surmontée d'une timonerie orange vif se dandine sur son mouillage, comme impatiente d'aller jouer dans les vagues. C'est le *Jean Cam*, canot de sauvetage de Molène, celle que les marins surnomment « l'île des Sauveteurs ».

Les membres de son équipage cachent bien leur jeu. Les Goulven Périrhin, les Pierre Tual, les Jo Callac ainsi que tous les autres arborent l'air bonhomme et le sourire rigolard de jeunes grands-pères en pleine forme. Essayez donc de les interviewer : « Quel a été votre sauvetage le plus difficile ? - C'est jamais facile. » « Votre souvenir le plus étonnant ? - Quand on sort, on ne sait jamais ce qu'on va trouver. » Mais voici un extrait du rapport rédigé par le président de la station de sauvetage, après la sortie au cours de laquelle le précédent canot de Molène, le *Jean Charcot II*, fut mis hors d'usage : « Le canot est projeté en l'air par une déferlante. Il retombe très lourdement et les membres de l'équipage sont projetés dans le canot. Une deuxième déferlante le prend, mais moins violente car l'allure a été diminuée... La mer est hachée par des lames courtes de huit mètres de haut. » Huit mètres, c'est la hauteur d'un immeuble de deux étages... Témoignage du secrétaire de mairie de Molène : « Une fois, comme le canot rentrait d'une sortie qui avait duré plus de vingt-quatre heures, j'ai vu dans les yeux de l'équipage ce qu'ils avaient vu en mer, et ça m'a fait peur. » « Île des Sauveteurs » n'est pas une simple expression. Voyez simplement ces chiffres : depuis la fondation de la station

EN HAUT :
Sur Molène comme sur Batz et Sein, les maisons présentent la même architecture : murs de moellons crépis de blanc ou de ciment brut sous des toits d'ardoises fines.

À son pied, le port abrite de petits bateaux qui pratiquent diverses pêches, au fil des saisons.

ET TOUJOURS LE SOUVENIR DE NAUFRAGES...

À DROITE : dressé au sud de l'île, l'amer qui permet aux bateaux de se guider vers le port en se tenant en dehors des récifs.

EN BAS : dans le cimetière, quelques tombes régulièrement fleuries par les îliens, évoquent le naufrage qui, à la fin du XIXe siècle, encouragea à accélérer la construction de phares à la pointe du Finistère.

en 1886, plus de 2 000 vies humaines sauvées, plus de 400 navires assistés ; 2 canots à rames et 6 canots à moteur se sont succédé.

En réalité, le surnom d'« île des Sauveteurs » date d'une tragédie survenue en 1896 quand un paquebot anglais, le *Drummond Castle,* fit naufrage sur les Pierres Vertes – récifs situés dans l'ouest de Molène – faisant 243 victimes ! C'était une nuit de calmasse et de brume. Ainsi que purent le déterminer les enquêteurs d'après le témoignage des trois survivants, le commandant n'avait pas pu effectuer de point astronomique depuis plusieurs jours. Il ne consacra pas cependant le temps nécessaire à sonder pour vérifier sa position calculée à l'estime. C'est à la vitesse de 10 nœuds au moins qu'il s'éventra sur des rochers immergés.

L'ancien sémaphore abrite un petit musée du sauvetage. Des photos, des cartes, des diplômes y disent la cruauté de la mer. On y apprend comment, dans les jours qui suivirent cette épouvantable nuit du 16 juin 1896, les habitants de Molène récupérèrent des dizaines de dépouilles que les courants poussaient sur les récifs et les grèves. Comment ils s'attachèrent à leur donner une sépulture décente, allant jusqu'à se défaire des vêtements dont ils avaient le plus grand besoin eux-mêmes afin d'en revêtir les défunts. Ainsi ces derniers se présenteraient-ils dignement devant l'Éternel... Pour remercier l'île, l'armateur lui offrira une grosse horloge sur le clocher de l'église et, plus utile sûrement, une citerne d'eau douce ; la reine Victoria décernera quant à elle des médailles.

À Molène comme à Ouessant et Sein, la mort n'a rien de morbide. Les cimetières sont fleuris comme des jardins et, le samedi après-midi, on s'affaire autour des tombes. Ce jour-là, devant les modestes sépultures de victimes du *Drummond Castle,* je méditais sur les raisons qui avaient bien pu amener un capitaine à faire route *full speed* alors que, de la passerelle, il distinguait à peine son étrave. En fait, il voulait gagner quelques heures sur le temps de traversée pour soigner la publicité de la compagnie... Alors une petite vieille m'a interpellé : « Ah, c'était pas gai, cette époque où on allait à la pêche au cadavre. » Bien sûr, elle ne connaissait l'affaire que par les récits de ses parents. Car sur les îles, personne n'a jamais oublié cette tragédie, même si la perte corps et biens en mer est ici un destin courant, un sujet de conversation banal.

À la pointe du Finistère, on vit avec le grand mouvement des marées et des perturbations atlantiques. On ne se dit pas bonjour : on se lance d'office un commentaire sur l'état de la mer, la pluie qui arrive et le beau temps qui s'en va. S'étant approchée, la grand-mère a donc poursuivi, comme si elle me connaissait depuis toujours : « Le vent revient. Vous êtes au Kastell-an-Aod ? Oh, vous dormirez mieux que moi cette nuit. Moi, il faut que je monte chez ma fille, là-haut au sémaphore. Elle est sur le continent et je ne peux pas laisser la petite toute seule. Oh, je ne dormirai pas beaucoup, non. » Pour vivre à Molène, il faut être capable de garder tout le temps dans les oreilles le grondement des brisants et le ronflement des galets chamboulés par les rouleaux. On supporte ou on abhorre. Mais après avoir vécu (ou survécu) quelque temps au rythme de la respiration océane, il devient difficile de se passer longtemps de son tintamarre. Et voilà pourquoi peut-être Molène compte autant de fidèles.

SEIN

À DROITE : image du passé, ces vieilles Sénanes en coiffe noire. Le noir du deuil : ici, la mer tue souvent. Ce qui n'empêche pas une certaine joie de vivre, comme en témoigne la boîte aux lettres ci-dessus.

PAGE DE GAUCHE : posé au ras de l'eau, le bourg de Sein semble pouvoir, à tout moment, être submergé par une grosse vague.

« MOI JE SUIS NÉ au creux des vagues », dit une vieille chanson bretonne. Si Jean-Pierre Calloc'h, son auteur, n'était pas né sur l'île de Groix, on aurait pu croire ce texte spécialement écrit pour Sein. Aucune île en France n'est aussi basse sur l'eau : si son bourg se tasse à 5 mètres au-dessus du niveau des marées hautes, l'altitude moyenne de l'ensemble de l'île ne dépasse pas 1,50 mètre. Or, tout comme Ouessant, Sein est directement exposée à ces tempêtes atlantiques qui commencent toutes par des vents de sud-ouest (le suroît) apportant un ciel sombre, et s'achèvent par une rotation au nord-ouest, le noroît, dont les éclaircies s'accompagnent de rafales monstrueuses, avant que le ciel ne s'obscurcisse de nouveau avec l'arrivée d'une nouvelle perturbation, annoncée par le retour du vent au suroît.

L'onde de tempête est un phénomène météorologique bien connu : les basses pressions atmosphériques responsables d'une tempête se conjuguent au jeu des marées pour faire monter le niveau de la mer bien plus haut que la normale, le phénomène étant encore aggravé par les vents d'ouest qui poussent les vagues. C'est ainsi qu'au cours de son histoire, l'île de Sein a subi plusieurs raz-de-marée. Après celui de 1756, le gouverneur de Bretagne proposa aux Sénans une aide financière pour s'installer sur la côte : ils refusèrent, mais on commença à édifier des digues de protection. Louis XIV, ému par l'opiniâtreté de son petit peuple du bout du monde, décida de l'exonérer de charges : « Vouloir imposer Sein ou Molène, déjà accablées de tous les impôts de la nature, ce serait vouloir imposer la mer, les tempêtes et les rochers. »

MEN-

PAGE DE GAUCHE : dominant le port, le phare de Men-Brial et les curieuses maisons alentours ne manquent pas de pittoresque.

CI-CONTRE : sur le quai des Paimpolais… Autrefois, des pêcheurs originaires des Côtes-d'Armor venaient passer la belle saison dans les eaux de l'île de Sein.

EN BAS : un dédale de passages permet de se faufiler entre les maisons du bourg. Formant des chicanes destinées à couper le vent, ils furent conçus juste assez larges pour qu'on puisse y rouler un tonneau !

Dans un article publié dans la revue d'ethnologie maritime *Le Chasse-Marée,* on peut lire sous la signature de Noël Le Hénaff : « Les Sénans avaient encore en mémoire les raz-de-marée de 1865 et 1879, lorsque survint celui de décembre 1896. Sur les côtes bretonnes, la tempête qui sévissait depuis le début du mois avait déjà causé la perte de plusieurs bateaux et de leur équipage. Partout, des vagues monstrueuses menaçaient les ouvrages portuaires. La houle qui attaquait l'île de Sein giclait son écume à des hauteurs vertigineuses. "Nous étions là comme au fond d'une cuvette, commenta le docteur Prigent. C'était un 5 décembre, comme les deux précédents raz-de-marée. On se rappelait du premier, qui avait eu lieu de nuit, et du second, qui avait été accompagné d'averses de neige et de grêle. Celui-ci allait se manifester pendant la journée, mais avec une telle violence que la mer enfonça la digue de Beg ar Ralé, inondant les maisons du Poul. Par bonheur, la digue de Lengana, abritant la flottille de pêche, résista." »

En 1919, une nouvelle tempête fut suivie de raz-de-marée et les habitants se réfugièrent cette fois sur les toits des maisons. Aujourd'hui, l'évolution climatique mondiale, dont on sait qu'elle se caractérise par une augmentation du nombre de violentes tempêtes et entraîne une hausse du niveau des eaux, laisse entrevoir un avenir inquiétant pour l'île de Sein.

En une heure de traversée depuis Audierne, quel voyage ! Une fois sortie de l'estuaire du Goyen, la vedette longe les falaises du Cap, comme on appelle la péninsule qui s'achève sur la pointe du Raz. C'est au premier abord une côte très sauvage, un mur de falaises encadrant des criques dont certaines abritent des ports miniatures comme Pors Loubous et Bestrée – juste avant la pointe du Raz – où il arrive que la vedette fasse une brève escale. On est alors presque arrivés : il n'y a plus qu'à traverser le raz de Sein.

Les marins appellent raz le passage devant un cap où les courants de marée sont puissants. Pour l'impétuosité de leurs courants qui y dépassent les 6 nœuds (11 km à l'heure), les plus célèbres de nos côtes sont le raz de Sein et le raz Blanchart, à l'extrémité nord-ouest du Cotentin. Et le plus dangereux est celui-ci, parce que le courant

Au dessus et à droite : le quai des Français-Libres. En 1940, les hommes de l'île partirent pour la plupart en Angleterre afin de poursuivre la lutte aux côtés du général de Gaulle.

En bas : à chaque grande marée, la mer recouvre les grèves. Les vagues sont alors toutes proches des maisons. Les Sénans ont emprunté aux Irlandais la coutume de peindre leurs maisons en couleurs vives.

y porte sur des récifs et des îlots. De plus, la navigation s'y révèle d'autant plus délicate que lorsque le vent et le courant de marée sont de direction contraire, ils lèvent une mer très dure. D'où le vieux dicton des navigateurs du temps de la voile : « Qui voit Sein voit sa fin. » La puissante vedette qui assure la liaison entre l'île et le continent se joue aujourd'hui de la brise et des marées, quoique parfois, en hiver, un gros coup de chien interdise encore le passage.

Peu avant de croiser la tourelle d'Ar Vas Du qui annonce que le port est désormais tout proche, on repère sur la droite un îlot solitaire où s'accroche une maisonnette surmontée par la tour d'un phare. C'est Tévennec, l'île maudite. Imagine-t-on que dans les années 1900, l'administration des Phares et Balises renonça à y maintenir des gardiens ? Car il leur arrivait systématiquement malheur. Plusieurs cédèrent à la confusion mentale à force d'entendre des voix leur répéter : « *Kerz kuit ! kerz kuit ! Aman m'a ma flas* » qui en breton signifie : « Va-t-en ! va-t-en ! Ici, c'est ma place ! » Aujourd'hui, on pense que ces voix provenaient du bruit des vagues s'engouffrant dans des failles sous-marines au pied de l'îlot.

Il est vrai aussi qu'on ne saurait évoquer Sein sans parler des légendes qui entourent cette terre située aux confins du bout du monde et de l'au-delà tel que l'entendaient les anciens Celtes. Lieu sacré, l'île offrait une sépulture aux druides, dont la dépouille mortelle était embarquée, dit-on, sur l'immense plage de la baie des Trépassés, juste au nord de la pointe du Raz. On évoque ainsi le *bag an noz* (la barque de la nuit) dont l'équipage était constitué de tous les disparus en mer. Celui qui avait la mauvaise fortune de la croiser dans les parages du raz de Sein se savait condamné à y embarquer bientôt à son tour... Ajoutons que quelques romans ont donné à Sein

Chez Bruno

BRIA

Double page précédente : vue sur le phare de Men Brial et le quai des Paimpolais, avant l'accostage du bateau venu d'Audierne.

Ci-dessus : la fidélité au général de Gaulle a duré bien au-delà de la guerre ! Sur le chemin du phare et en passant par l'église Saint-Guénolé, on passe par une croix de Lorraine en granite : le monument aux Sénans libres.

À droite et page de droite : tout à l'ouest de l'île se dresse le phare où un escalier en colimaçon grimpe à la lanterne, 50 mètres au-dessus de la mer.

la réputation d'une île peuplée de sorcières… Ce n'est pourtant pas l'impression qu'elle donne lorsqu'en débarquant, on découvre ces façades pimpantes, blanchies à la chaux ou colorées de bleu pastel, de jaune vif…

Que faut-il visiter à Sein ? Hormis le petit musée des Traditions et du Sauvetage maritime, il n'y a rien à visiter. Apprenez de plus que les plages ne sont guère protégées et que la mer reste fraîche, même au cœur de l'été. Comme les petites îles, Sein ne se visite pas, elle se vit. Y arriver par le bateau du matin pour repartir dans l'après-midi est vain. Après avoir passé une nuit sur place, on se demandera peut-être ce qui attache 250 âmes au kilomètre carré habitable qu'elles se partagent. En y demeurant une semaine, peut-être commencera-t-on à s'en faire une petite idée. Quand on a pris l'habitude de vivre sur une bande de 2 km dont la largeur se réduit par endroits à une centaine de mètres, comment pourrait-on supporter de ne plus avoir la mer sous les yeux ?

À peine entré dans le bourg minuscule, on en est déjà ressorti. Encore que certains arrivent à s'égarer dans le labyrinthe de ses ruelles dessinées en chicanes afin de couper le vent, et dont la largeur est juste suffisante pour y faire rouler une barrique. Plusieurs cafés, restaurants et crêperies y autorisent de plaisantes haltes. Pour le reste, on remarquera l'église Saint-Guénolé dressée en face d'une couple de menhirs. On poussera jusqu'à la pointe ouest de l'île pour voir l'église Saint-Corentin et le grand phare. On remarquera aussi, là où l'île s'élargit, les minuscules parcelles de cultures protégées par des murets en pierre sèche. C'est ici que poussait jadis la seule et rare nourriture disponible quand une période de mauvais temps durable empêchait de sortir en mer.

« Qui voit Sein voit sa fin. »

ROIX

GROIX

À DROITE : Port-Tudy. Et dire qu'autrefois la flotte des thoniers remplissait le port !

PAGE DE GAUCHE : la girouette au sommet du phare est une fois de plus orientée entre ouest et sud-ouest, la direction des vents dominants.

« QUI VOIT GROIX voit sa joie », dit un vieux dicton marin. Il date de l'époque des petits caboteurs à voiles qui bourlinguaient par tous les temps au long des côtes de France. Pour leurs capitaines, les zones de navigation les plus délicates étaient la pointe de Bretagne et les côtes de la Manche. C'est pourquoi tout le monde à bord poussait un soupir de soulagement quand, après avoir passé Ouessant et Sein, on mettait cap au sud. Le dicton commence d'ailleurs par ces mots :

> « Qui voit Ouessant voit son sang,
> Qui voit Sein voit sa fin. »

Ainsi, au fur et à mesure qu'on approchait de Groix, les courants devenaient moins perfides, les conditions météo plus douces et la mer plus maniable. Il ne fait aucun doute que cette île a toujours constitué un abri idéal

« Qui voit Groix voit sa joie. »

Groix, île du bien-vivre. Entre les terrasses sur les quais de Port-Tudy et les cafés du Bourg – c'est le nom du seul village de l'île, avec Locmaria – les cafés où « prendre la température des lieux » ne manquent pas.

pour les navigateurs. Les Vénètes, cette population gauloise réputée pour son savoir-faire maritime – elle résista longtemps à Jules César qui n'en vint à bout qu'après avoir créé une flotte de galères qui les submergea – étaient implantés sur Groix. Les Vikings – autres hardis marins s'il en fut – ne s'y trompèrent pas et firent de Groix une des bases à partir desquelles ils lançaient des razzias vers la côte.

De fait, par sa configuration comme par sa situation géographique, l'île paraît bénie des dieux de la mer. Orientée nord-ouest-sud-est et longue de 8 km, elle dresse sur sa face exposée au large une côte rocheuse qui casse la houle et brise l'élan des vents d'ouest dominants. Le côté « terre » de Groix se trouve quant à lui creusé de criques et de baies offrant autant de ports naturels : Port-Tudy, Port-Lay, Port-Mélin, Port-Mélite. Et comme Groix se trouve à portée immédiate de Lorient, les navires qui appareillaient du principal port de la Compagnie des Indes aux XVIIe et XVIIIe siècles venaient mouiller l'ancre à l'abri de l'île où ils attendaient que reviennent des vents favorables.

Mieux, cette position avancée dans le golfe de Gascogne aux eaux poissonneuses fit de Port-Tudy le principal port breton pour la pêche au germon (ou thon blanc). Aujourd'hui fréquentés par les bateaux de plaisance, les bassins de Port-Tudy, pas bien grands pourtant, accueillaient plus de deux cents thoniers dans les années 30. Au retour des campagnes de pêche, on pouvait traverser le port en passant d'un bateau à l'autre ! À cette époque, pour remercier le ciel de la prospérité ainsi apportée à l'île, les Grésillons édifièrent comme girouette au sommet du clocher de l'église non un coq gaulois, mais un thon !

Voiliers superbes portant sur leurs coques de 22 mètres un gréement dit de cotre à tapecul, ou « dindée », c'est-à-dire avec deux focs sur l'avant du grand mât et un petit mât à l'arrière de la barre. Dans les magasins de souvenirs, on les trouve en modèles réduits parfois très bien exécutés. Les thoniers de Groix étaient armés par une demi-douzaine d'hommes qui pratiquaient une technique de pêche originale. De part et d'autre du grand mât étaient abaissées deux longues perches supportant chacune sept lignes. Chaque pêcheur veillait sur deux ou trois lignes. Aussi, lorsque le bateau sillonnait un banc de thons, on halait pendant des heures les lignes secouées par les soubresauts des poissons énormes.

Tous les ans, quand arrivait la fin du mois de juin, la flottille prenait le large. Rejointe par d'autres thoniers venus d'Étel, de Concarneau et de Lorient, elle mettait le cap sur les Açores pour croiser les premiers bancs de germon. Au fur et à mesure que l'été s'avançait, les zones de pêche se

Café du Port
Hôtel
Pub

Des plages aux matins si calmes...

À la pointe est de Groix, la plage des Grands-Sables prolonge celle du Trec'h, en présentant la particularité de s'enfoncer dans la mer : ce phénomène rarissime est provoqué par les courants de marée.

On appelle les jeunes goélands « grisards » : leur plumage n'ayant pas encore pris leur teinte définitive. De loin, il est alors difficile de dire s'ils appartiennent à l'espèce des goélands argentés (pattes roses et dos gris clair), des goélands bruns (pattes jaunes et dos gris foncé) ou des goélands marins (dos presque noir).

déplaçaient vers le nord-est : en août, c'est vers l'Irlande qu'on traquait le poisson, tandis qu'en fin de saison, vers septembre et jusqu'en octobre, les flottilles se concentraient dans le golfe de Gascogne jusqu'à ce que le poisson disparaisse.

Comme le germon se commercialise pour l'essentiel en conserve, l'industrie de la conserverie se développa sur l'île, assurant un emploi salarié à une nombreuse population. Pendant toute la première moitié du XXe siècle, Groix a ainsi affiché une enviable prospérité. Sa position avancée par rapport aux zones de pêche lui offrait en effet un avantage considérable à l'époque où on pêchait à la voile. Le germon se conservant fort mal, faire une bonne pêche était une chose, et ramener le poisson en bon état pour le mettre en conserve en était une autre ! Le bon patron de thonier était celui qui savait capturer juste ce qu'il fallait et rentrer livrer sa pêche à la conserverie dans les meilleurs délais. Car il suffisait d'un rien de chaleur humide ou, pire, de brume, pour que la chair des poissons se corrompe. Nombreux sont les thoniers qui ont perdu en quelques heures le résultat de plusieurs jours de pêche, pour cause de vents contraires ou trop faibles sur le chemin du retour. À partir de 1930, la motorisation des bateaux de pêche résolut le problème : la question du vent ne se posait plus et le moteur pouvait alimenter un système de réfrigération des cales. Mais ce progrès fut fatal à Groix, dans la mesure où sa situation au large ne constituait plus un avantage mais plutôt un inconvénient, eu égard aux usines installées sur la côte.

Tout cela aide à comprendre le Groix d'aujourd'hui. En débarquant du bateau de Lorient (la traversée dure quarante-cinq minutes), le mieux est de visiter le très riche écomusée de Port-Tudy, dont les locaux ne sont autres que ceux d'une ancienne conserverie. Vous y découvrirez d'ailleurs que l'île s'enorgueillit d'une autre richesse, éternelle celle-là : sa diversité minéralogique qui en fait un but d'expéditions pour tous les passionnés de géologie. On y trouve notamment un minéral rare : la glaucophane, composé de grenat, d'épidote et de mica. Pour en savoir plus, rendez-vous à la réserve de Pen Men, à la pointe nord-ouest de l'île. Une autre curiosité géologique de l'île est la plage des Grands-Sables, qui marque la pointe est de Groix. Car cette plage ne se trouve pas dans une baie, mais forme une pointe qui s'enfonce dans la mer.

La meilleure façon d'explorer Groix est de louer un vélo si vous ne disposez que d'une journée, ou bien d'aller à pied si vous restez deux jours : il existe de superbes sentiers bien balisés dont celui qui fait le tour de l'île par l'ancien chemin des douaniers. Voici d'ailleurs une suggestion puisque vous passez de plage en plage : recueillez à chaque fois un peu de sable (les boîtes de pellicule photo transparentes sont parfaites). Bientôt, vous constaterez que vos échantillons couvrent toute une gamme de couleurs, du blanc presque neige au rouge des grenats en passant par le jaune or.

Les paysages les plus spectaculaires se trouvent dans la partie ouest de l'île : il faut y consacrer une petite journée avec pique-nique. À l'enracinement de la grande jetée du port, près de l'héliport, démarre le sentier du littoral. Après la jolie petite plage du Rolaz, voici Port-Lay : une ria que domine une ancienne conserverie aménagée en école de voile. Plus loin, à Port-Melin, un barrage barre le fond de la ria : c'est la réserve d'eau douce de l'île, au pied de la statue de Jean-Pierre Calloc'h, le poète breton. Ensuite, la côte devient très sauvage : dominée par la haute tour d'un phare, la pointe de Pen Men s'achève en escarpements. Le panorama reste grandiose comme nous suivons maintenant la côte sud de l'île jusqu'à Port Saint-Nicolas, une grande ria située à la jonction de deux vallons qui entaillent la falaise.

Bel endroit pour une halte de midi ! C'est d'ailleurs là qu'on quitte le chemin côtier pour se diriger vers le hameau de Kerlard, où on visitera la reconstitution d'une maison traditionnelle de pêcheurs du début du siècle. Puis on revient au Bourg de Groix en suivant des marques de balisage rouges et jaunes par Kerloret, Quéhello et Créhal.

La partie est de Groix réserve en revanche des paysages plus doux. Depuis le Bourg, sur le chemin balisé qui passe par Créhal et Quéhello, on se dirige vers Port Saint-Nicolas où on suit le sentier du littoral vers l'est. S'il y a un peu de houle, on voit l'écume jaillir en masses lourdes au pied des falaises, tandis que des grondements résonnent. C'est le Trou de l'Enfer où une fissure s'ouvre au pied de la falaise ; les vagues en s'y engouffrant font effectivement le raffut de mille diables ! Au sud-est de l'île, Locmaria est le deuxième port de Groix. Au-dessus du mouillage, le village n'a rien perdu de son pittoresque, avec des ruelles où se succèdent de petites maisons de pêcheurs. Les bâtisses plus imposantes, crépies de couleurs, sont celles des armateurs. Puis voici la pointe des Chats, avec son phare et son vieux fort qui faisait partie du système défensif de Lorient. En remontant ensuite le côté « à terre » de l'île, on traverse la fameuse plage des Grands-Sables, à laquelle succèdent deux autres superbes plages : le Trec'h et Port-Mélite. Même si la côte est bien plaisante à suivre, on peut cependant ici revenir dans l'intérieur des terres pour découvrir le pittoresque hameau du Méné. Les maisons de pêcheurs y entourent une chapelle curieusement baptisée Notre-Dame-du-Calme ! Alors on pourra revenir vers la mer par la pointe du Spernec et Port-Tudy où attend le bateau du retour à Lorient.

CI-DESSUS : le phare de Pen Men, à l'ouest de Groix, dit aussi « le grand phare ».

CI-DESSOUS : plus petit en effet, celui de la pointe des Chats, à la pointe sud-est de l'île.

BELLE-ÎLE-EN-MER

EN HAUT :
le port de Sauzon.

PAGE DE GAUCHE :
la pointe des Poulains (nord-ouest de Belle-Île) par mer forte.

EN BAS À DROITE :
sur les falaises de la côte sauvage (ici Port-Kérel) vivent les pouces-pieds, coquillages qui ne vivent que là où la mer déferle en permanence, et très appréciés… en Espagne !

AU VOYAGEUR PRESSÉ qui ne disposerait que d'une seule journée pour se faire une idée de la Bretagne, je recommanderais volontiers de se rendre à Belle-Île-en-Mer. Sur cette terre se retrouvent en effet tous les paysages caractéristiques de la péninsule armoricaine. Mesurant 18 km sur 9 dans ses plus grandes dimensions, elle est même assez étendue pour posséder son Armor (pays de la mer en breton) et son Argoat (le pays des bois). Côté Armor, aux grandes plages succèdent des falaises échancrées de criques et de fjords ; on voit même des dunes tandis que les ports du Palais et de Sauzon comptent parmi les plus pittoresques de tout le littoral atlantique. Côté Argoat, disons qu'au milieu de l'île, tous ces valons boisés où courent des ruisseaux créent une atmosphère bucolique qui fait oublier cette omniprésence de la mer qui constitue l'essence même de l'insularité.

Justement, ce sont tous ces ruisseaux qui ont fait de Belle-Île-en-Mer un site stratégique maritime en tant que meilleure aiguade entre la Galice espagnole et les Cornouailles anglaises. Ce terme désuet désignait autrefois un point de ravitaillement en eau douce facilement accessible aux embarcations d'un navire. De ses réserves d'eau dépendait en effet la possibilité pour un bâtiment de tenir le large. C'est pourquoi Belle-Île abrita un port important à l'époque où les Celtes faisaient le trafic de métaux lourds entre les îles britanniques et

Arrivant de la presqu'île de Quiberon et du Morbihan, les bateaux accostent dans le port du Palais après être passés entre les deux phares imposants dressés au bout des deux môles (photo du haut). Au pied de la citadelle typique de l'architecture de Vauban, c'est indiscutablement l'un des plus beaux ports de France.

la Méditerranée ; pourquoi les Vikings s'y établirent ; pourquoi, par la suite, elle fit la convoitise des Espagnols, des Hollandais et des Anglais (à la veille du XXe siècle, ces derniers s'y intéressaient encore...). Ajoutons que l'île représentait en plus un bastion avancé des défenses du littoral français, la rade du Palais pouvant offrir un vaste mouillage bien abrité à des bâtiments de guerre ou à des navires marchands attendant les vents favorables pour se lancer dans la traversée du golfe de Gascogne : Belle-Île fut d'ailleurs pendant un temps la propriété de Fouquet, le malhonnête surintendant de Louis XIV.

On comprend donc pourquoi le Palais, avec sa citadelle typique de l'architecture de Vauban, apparaît au premier regard comme un port de guerre dont les bassins sont profondément enfoncés dans un petit estuaire aujourd'hui aménagé en port de plaisance. Débarquant au Palais pour un court séjour, la plupart des visiteurs s'empressent de louer une voiture pour faire le tour de l'île, ou un vélo qui leur permettra d'emprunter tout un réseau de chemins et de routes étroites. Mais il leur faudra se procurer la carte détaillée au 1/25 000 de l'Institut géographique national.

Belle-Île-en-Mer se prête bien entendu aussi à une exploration par des moyens plus aventureux. On peut notamment en faire le tour en bateau, l'office du tourisme proposant différentes formules, dont certaines à bord de voiliers. Ainsi découvrira-t-on pourquoi cette île constitue un but de croisière mythique pour les plaisanciers. Inoubliable est l'entrée de Sauzon, ce petit port de pêche où on se glisse entre un phare vert et un phare rouge qu'on croirait sortis tout droit d'un manuel d'initiation à la navigation côtière ! Incroyables sont, à la pointe nord-ouest de l'île, les fjords de Ster-Vraz et de Ster-Ouen : on s'y croirait en Norvège... Mais plus au sud, en se glissant à Port Goulphar par grand beau temps d'été, on trouve dans une simple crique au pied du Grand Phare de Belle-Île une ambiance quasi méditerranéenne... N'oublions cependant pas que le littoral ouest de l'île est appelé côte sauvage : par forts vents d'ouest, la houle y explose contre les falaises dans des déferlements d'écume apocalyptiques.

Mais il y a mieux encore que le bateau. À ceux qui veulent y consacrer une semaine de randonnée pédestre, à raison de quatre à cinq heures de marche par jour, Belle-Île promet une des plus belles randonnées de France ! Six jours et une centaine de kilomètres pour faire le tour de l'île en suivant le sentier du littoral, avec quelques incursions dans les terres afin de trouver le gîte et le couvert dans des hôtels, chambres d'hôte, auberges de jeunesse... Le choix est vaste et l'office du tourisme en tient une liste complète à jour. Bien sûr, mieux vaut avoir préparé son itinéraire à l'avance et réservé ses hébergements par téléphone. Je livre ci-dessous au lecteur un itinéraire

que j'ai moi-même suivi, et dont les étapes ne posent pas de problème d'hébergement.

Le premier jour sera consacré au Palais. Quand on débarque dans le superbe port-citadelle du Palais, on ne sait où donner du regard : les redoutes de Vauban, le trafic des bateaux de pêche et de plaisance, les grandes maisons qui alignent leurs parements de granit au long des quais, les murs crépis aux tons pastel, les terrasses de cafés, la place du bourg... La visite de la Citadelle et du musée historique s'impose autant pour son impressionnant plan en relief du Palais et ses maquettes de vaisseaux que pour l'évocation des artistes qui fréquentèrent Belle-Île-en-Mer. Ainsi le peintre Claude Monet qui immortalisa les aiguilles de Port-Coton sur plusieurs tableaux, et la comédienne Sarah Bernhardt qui avait acheté un fort dressé sur la pointe des Poulains...

Le deuxième jour la promenade continuera du Palais à Sauzon. Il faut compter quatre heures. Sur la carte, les distances paraissent toujours plus courtes que dans la réalité quand on longe la côte. Car le sentier escarpé passe de crique en crique, monte et descend sans cesse, finissant par accumuler des dénivelées montagnardes ! On défile ainsi devant de vieilles fortifications qui contrôlaient jadis les points où l'ennemi était susceptible de débarquer. Ce bout de côte ne manque d'ailleurs pas de romanesque, par exemple quand on découvre la grotte des Chouans, près du Port-Jean. Arrivé

CI-DESSUS : les rues du Palais montrent une ambiance inimitable où l'on sent à la fois prospérité et art de vivre.

BALADE DE PHARE EN PHARE

DOUBLE PAGE PRÉCÉDENTE :
la pointe des Poulains se prolonge d'un îlot où se dresse le phare. Un bras de mer étroit de quelques dizaines de mètres à peine le sépare de Belle-Île.

PAGE DE DROITE :
majestueux comme un monument historique, le phare de Goulphar, dit « le Grand Phare ».

CI-CONTRE :
au nord de Belle-Île, le petit port de pêche et de plaisance de Sauzon est à la fois plus intime et plus pittoresque que Le Palais.

en face de Sauzon, la photo des phares rouge et vert s'impose. À ce propos, vous noterez que le nom Sauzon désigne en langue bretonne les Anglais qui, au Moyen Âge, occupèrent les lieux.

Le troisième jour, en cinq heures, on va de Sauzon à Bangor en passant par Port-Donnant. C'est ce qu'on peut appeler une étape à grand spectacle ! Plus on approche de la pointe des Poulains qui forme comme une étrave au nord de Belle-Île, plus le paysage de falaises se fait grandiose. Site étonnant : le fort Sarah-Bernhardt, que la grande actrice avait transformé en villégiature. Ici commence la côte sauvage, mur de falaises dressé contre la houle atlantique, percé en quelques points de criques et de plages. Après les fjords de Ster-Vraz et Ster-Ouen, la réserve ornithologique du Vieux Château permet d'observer – entre autres – les huîtriers-pies au long bec rouge et les impressionnants cormorans huppés. C'est juste ensuite que se trouve la célébrissime grotte de l'Apothicairerie dont l'accès est interdit – à l'heure où nous écrivons ces lignes – suite aux trop nombreux accidents survenus en ces lieux. Danger encore à Port-Donnant. Son sable clair et ses dunes rendent bien séduisante cette plage sauvage où il n'est cependant pas question de se baigner, y compris par beau temps. En effet, le déferlement de la houle contre le rivage se transforme en un courant puissant qui porte au large ! Après avoir profité de la plage, il suffit de suivre le sentier balisé qui remonte la dépression au milieu de la plage, vers les hameaux de Kerhuel et de Tinéüé, où une petite route file droit sur le village de Bangor.

Le quatrième jour procurera le plaisir d'une promenade légère puisqu'on partira de Bangor pour y revenir en passant par Port-Kerel. Il faudra toutefois compter quatre heures pour faire cette boucle. La situation de Bangor permet d'y passer à nouveau la nuit après avoir longé la côte. L'avantage de passer deux nuits au même endroit étant de

PHARE
DE
GOULPHAR

A VENDRE

Double page précédente : la place du village de Sauzon, devant l'église, donne sur le fond du port.

Ci-dessus : la plage d'Herlin à marée basse.

Ci-dessous : face à la pointe des Poulains, le fort où la grande Sarah Bernhardt séjourna à plusieurs reprises.

Page de droite : les aiguilles de Port-Coton qui inspirèrent Claude Monet.

pouvoir marcher sans bagage. Pour varier, nous rejoindrons Port-Donnant par les hameaux de Kernest, Cosquet, Bédex et Donnant. On aperçoit au passage, bien en retrait de la mer, l'imposant phare de Goulphar. Les deux sites merveilleux de cette étape sont d'abord les aiguilles de Port-Coton, dont le roc est inlassablement sculpté par les vagues qui y ont percé des grottes : Claude Monet les a reproduites à de nombreuses reprises ! Puis Port-Goulphar, au creux de la falaise vertigineuse. Au fond du fjord de Port-Kérel, on trouve un sentier balisé qui grimpe vers Kerguélen et se poursuit jusqu'à Bangor.

Le cinquième jour on partira de Bangor pour atteindre Locmaria en un peu plus de quatre heures. Parce qu'elle ne recèle aucun haut lieu touristique, la côte sud-est de Belle-Île est moins fréquentée. Pourtant, la plage d'Herlin et le port de Pouldon ne manquent pas de charme. Au fond de la crique de Port-Maria, un sentier suit le ruisseau pour remonter au bourg de Locmaria, tassé autour de son église crépie de blanc sous un clocher en forme de dôme : dans sa nef se trouvent de belles maquettes suspendues en ex-voto.

Le sixième jour, on bouclera la grande boucle en retournant au point de départ de la route, au Palais et ceci en quatre heures environ. On longe encore la falaise jusqu'à la pointe de Kerdonis mais ensuite le littoral s'abaisse graduellement, et on finit par marcher sur des plages bien abritées. Si abritées, d'ailleurs, qu'aux XVIIe et XVIIIe siècles, les Anglais et les Hollandais y tentèrent plusieurs débarquements. La chaîne de batteries qui contrôle cette côte en garde le souvenir. Les Grands Sables forment la plus belle plage de Belle-Île-en-Mer ; mais il y a aussi Port Yorc'h et Bordardoué, de part et d'autre de la pointe du gros Rocher, ainsi que Port-Guen. Enfin, après avoir suivi de nouveau une falaise, le sentier atteint la pointe Ramonette, dernier point sauvage avant de retrouver le bourg du Palais. Le tour de Belle-Île est bouclé !

HOUAT ET HOËDIC

Houat, île préservée : les bateaux de plaisance mouillent devant la côte rocheuse ou au large des grandes plages de sable tandis que le village ne connaît pas le bruit des véhicules motorisés.

LA PLUPART DU TEMPS, on évoque ces deux îles comme si elles étaient des satellites de Belle-Île-en-Mer, ce qui n'est pas du tout le cas. Houat et Hoëdic – le Canard et le Caneton en breton – sont en réalité les deux îles principales d'un archipel qui comprend aussi l'île aux Chevaux, Valluec, Glazic, les Grands Cardinaux ainsi qu'une multitude de rochers. Cet ensemble prolonge la presqu'île de Quiberon dont il n'est séparé que par l'étroit passage de la Teignouse. En revanche, une large bande d'eaux profondes sépare Houat et Hoëdic de Belle-Île-en-Mer.

Toutes deux en revanche montrent un air de famille marqué : des îles nues et basses, massifs de granit dont les pointes agressives encadrent des plages de sable clair. Mais chacune affiche son petit caractère, tant et si bien qu'il serait frustrant de débarquer dans l'une sans rendre aussi visite à l'autre. En pratique, les horaires de bateau ne facilitent guère la chose, et sans doute vous faudra-t-il effectuer deux voyages depuis Quiberon.

Houat mesure 5 km sur 1,3 dans ses plus grandes dimensions et compte 400 habitants en hiver. Pour le seul décor que dessinent les plages de Tréac'h er Goured et de Tréac'h Salus, de part et d'autre d'une étroite péninsule, l'île mérite le déplacement. On y appréciera en plus l'ambiance du port où une belle flottille de

Houat et Hoëdic : le canard et le caneton, en breton

caseyeurs s'est spécialisée dans la pêche au homard. Autant dire que ce bout de terre connaît une intense animation !

2,5 sur 1 km pour 125 habitants environ : c'est une sereine solitude qui caractérise Hoëdic. Les pêcheurs, quoique tout aussi actifs, sont moins nombreux qu'à Houat. Le bourg aligne ses maisons sur quelques rangées orientées dans l'axe des vents dominants afin que seul le pignon de la première bâtisse se trouve exposé. Que dire d'autre ? Qu'une fois

Le port de Saint-Gildas, sur Houat, abrite une dynamique flottille de pêcheurs qui posent des casiers à crustacés autour des côtes rocheuses. Ils n'hésitent pas à se glisser au ras des récifs, en dépit des forts courants, pour mouiller les casiers aux endroits très précis où ils savent que les homards s'abritent.

débarqué au « nouveau port » (le port d'Argol, construit en 1973), le visiteur a le choix entre se rendre au « vieux port » (celui de La Croix) : en coupant par le bourg ou bien en faisant le tour de l'île. Car vous l'avez compris, tout comme Molène et Sein, Houat et Hoëdic ne sont pas des îles à visiter, mais à vivre...

Hoëdic, plus basse sur l'eau, paraît plus sauvage encore que Houat. Ici, la brise règne en maître, aussi les maisons se sont-elles regroupées au centre de l'île, à mi-chemin entre les deux ports.

Des haies de tamaris protègent de minuscules jardins potagers et les maisons sont disposées de telle sorte qu'elles se protègent mutuellement des vents d'ouest dominants. Sur ces petites îles, le centre de vie du village n'est pas la place mais le café, où chaque retour de pêche fait l'objet de commentaires.

LES ÎLES DU MORBIHAN

EN HAUT : vue aérienne de Gavrinis, dont le tumulus est visible en bas à gauche.

PAGE DE GAUCHE ET EN BAS : l'île aux Moines, face à Port-Blanc, étage ses maisons au-dessus de l'anse du Lério, où accoste le bac, et le bourg de Locmiquel.

MORBIHAN SIGNIFIE « petite mer », en breton. Comme une véritable mer en effet, le golfe possède ses ports et ses îles. Une myriade puisque, en comptant les rochers juste assez grands pour accueillir une colonie d'oiseaux de mer, on peut dire qu'il y a autant d'îles dans le golfe du Morbihan que de semaines dans une année. Seul un survol en avion permet de mesurer ce que représente un tel éparpillement. Depuis les bords de la « petite mer », on se croirait plutôt au bord d'un fleuve au courant toujours impétueux. Mais embarquez, à Auray ou à Vannes, pour une croisière autour du golfe, vous aurez cette fois l'impression de vous être engagé dans un labyrinthe marin. Surtout quand, avec la marée basse, les bancs de vase se découvrent, ne laissant que des chenaux plus ou moins larges où on perd tout sens de l'orientation.

Autant d'îles dans le golfe que de semaines dans l'année...

Ci-dessus : rencontre sur une grève. La coque de ce bateau de pêche désarmé pour toujours résistera encore longtemps avant de devenir réellement une épave.

En bas : au croisement de toutes les balades à vélo sur l'île aux Moines, l'église Saint-Michel mérite la visite pour les surprenants vitraux et les mosaïques Art déco qui la décorent.

Alors, comment découvrir les îles du Morbihan ? En réalité, quelques-unes d'entre elles seulement sont accessibles au public et méritent le déplacement. Ce sont d'abord les deux plus grandes : l'Île aux Moines et Arz, et ensuite les îlots de Berder et de Gavrinis. Commençons par ces derniers, car l'un comme l'autre donnent au golfe une personnalité inoubliable.

Berder est accessible à pied sec aux heures de basse mer, depuis Larmor-Baden. Avec ses prairies et ses bosquets autour d'un château, l'île est tout à fait charmante. Mais on vient à Berder surtout pour contempler le « courant de la Jument », ce fleuve marin formé par la marée quatre fois par jour : deux fois dans un sens, deux fois dans l'autre, et toujours aussi impétueux. Avez-vous déjà eu l'occasion d'entendre le bruit d'un courant de marée ? À la pointe sud de Berder, face aux îles de Gavrinis et de la Jument, on est autant impressionné par le bruit de chuintement de l'onde qui court au long des roches que par le mouvement de l'eau. Dès Larmor-Baden, quand on attend que la chaussée se découvre pour laisser le passage à pied sec vers l'île, la puissance de la marée saute aux yeux. En effet, quelques minutes avant que le passage se découvre, le courant y provoque une vague qui sculpte une véritable marche à la surface de l'eau !

L'histoire des lieux est assez étonnante : à la fin du XIXe siècle, les propriétaires de l'île envisagèrent d'y créer un grand port qui aurait remplacé ceux de Vannes et Auray. Ce n'était pas absurde dans la mesure où la face « au large » de Berder n'assèche pas à marée basse et que la sortie du golfe du Morbihan se trouve à tout juste deux milles nautiques. Ajoutons que la ligne de chemin de fer pour Paris passait à 10 km tout juste. Heureusement pour la beauté des lieux,

le projet demeura sans suite, mais le château de Berder a toutefois gardé une fonction marine, puisque sa tour constitue un amer très utilisé par les plaisanciers et les pêcheurs.

Sur Gavrinis vous attend un autre type d'émotion. En prenant la vedette à Larmor-Baden, on s'embarque en réalité pour un prodigieux voyage dans le temps ; celui des anciens Gaulois, trois à quatre mille ans avant Jésus-Christ. Vous ne visiterez pas le cairn de Gavrinis sans que naisse au fond de vous un sentiment étrange que seul explique l'ésotérisme ambiant, presque palpable ! Pour décrire les lieux de manière objective, disons qu'il s'agit d'une construction de pierres accumulées dont le diamètre atteint 50 m, et couvrant une galerie longue de 14 m qui conduit à un dolmen souterrain, ce dernier formant une salle de 3 m sur 4. Mais il se trouve que les parois de la galerie sont entièrement couvertes de gravures mystérieuses. Que signifient donc ces cercles concentriques, ces spirales, ces lignes étranges qui pourraient représenter des feuilles de fougères ? Les archéologues affirment qu'elles représentent des vulves multipliées à l'infini, afin de symboliser la fertilité. Leur géométrie captive le regard, continuant à délivrer le message éternel et universel transmis de génération en génération, celui de la survie de l'espèce.

Marée haute au Bindo, au fond de l'anse du Lério. À l'ouvert de cette baie qui constitue le port de l'île aux Moines, le Toulindac est l'une des rares cales du golfe où l'on puisse accéder à marée basse.

Sur l'île d'Arz : cheminant vers le Bourg (c'est le nom du village) aux maisons si sobres, longeant le littoral par l'étang du Moulin (c'est le nom du moulin à marée !), partout on ressent un mélange de tranquillité et d'austérité.

Arz et l'île aux Moines sont les deux plus grandes îles du golfe. Elles étaient jadis réunies par une langue de terre qui ne résista pas à la force des marées, et une légende explique pourquoi. Un garçon de bonne famille était amoureux d'une jeune fille de condition sociale trop modeste au goût de ses parents. Le garçon fut enfermé dans un couvent, mais la belle le rejoignait chaque nuit, empruntant l'étroit passage. Le père abbé du monastère attira alors sur les pécheurs la colère divine : au passage de la jeune fille survint un raz-de-marée, qui sépara définitivement Arz et l'île aux Moines.

Il paraît d'ailleurs amusant, aujourd'hui, de constater que sur l'île aux Moines se trouvent un bois des Amours, un bois des Soupirs et un bois des Regrets. Que faut-il voir sur l'île aux Moines ? On ne manquera pas les belles maisons anciennes construites à Locmiquel par des capitaines des XVIIe et XVIIIe siècles, ou encore les vieilles fermes construites à la même époque vers Kerbilio, Brouel et Kerno. Mais surtout, quelle chaude atmosphère, quelle douceur de vivre entretiennent les mimosas, les camélias, les eucalyptus, les figuiers... L'île dessine une croix de 5 km sur 2,5 : mieux vaut donc louer un vélo pour l'explorer, en ne manquant pas la plage du Gored sur sa face sud-ouest et – si les bateaux en bois construits à l'ancienne vous intéressent – le chantier naval du Guip, sur sa côte sud-est.

Arz est moins belle que l'île aux Moines, dit-on souvent. Certes, elle paraît plus austère, et surtout, l'accès en est moins facile : on y arrive depuis Conleau (à l'embouchure de la rivière de Vannes), les bateaux étant moins fréquents et la traversée plus longue bien sûr qu'entre le port de Toulindac et Larmor-Baden. De plus, le débarcadère de la pointe du Béluré se trouve à près de 2 km du bourg. Grâce à cela, l'île n'a rien perdu de son authenticité. Comme elle n'est pas bien grande (moins de 3 km du nord au sud), on peut aller à pied. La petite route du Bourg longe la plage de la falaise. On pourra ensuite poursuivre son chemin en direction de la pointe de Liouse, à l'extrême sud de l'île : là se dressent trois dolmens, face à la grande étendue d'eau libre qui occupe le centre du golfe. On reviendra en longeant l'une ou l'autre des côtes, qu'importe : à l'est comme à l'ouest d'Arz, l'ambiance reste aussi paisible. C'est pourquoi nombre de randonneurs se lancent dans le tour complet de l'île. Si on en contourne scrupuleusement chacune des pointes, il faut compter une grande quinzaine de kilomètres. Jolie balade, n'est-ce pas ?

Îles de VENDÉE

NOIRMOUTIER
ÎLE D'YEU

NOIRMOUTIER

PAGE PRÉCÉDENTE : la plage de Luzeronde sur la côte nord de l'île de Noirmoutier.

Toute l'atmosphère de Noirmoutier en trois images : les marais salants sous un moulin de saunier dans l'étier de l'Arceau (page de gauche), le passage du Gois qui donne accès à l'île à marée basse (ci-dessus) et les quais de l'Étier du Moulin à Noirmoutier-en-l'Île (en bas à droite).

APRÈS EN AVOIR VISITÉ un certain nombre, on constate que certaines îles imposent plus que d'autres la marque de leur personnalité. Et on découvre que cela dépend moins de la force ou du pittoresque de leurs paysages que de leur capacité à faire ressentir au visiteur leur caractère... insulaire ; en l'occurrence, la sensation si particulière de se trouver entouré par les flots. De ce point de vue, Noirmoutier se montre particulière puisque selon l'itinéraire que vous aurez choisi pour y accéder, elle pourra aussi bien vous séduire que vous sembler insignifiante. Au premier abord, tout au moins.

Ainsi, en arrivant par le grand pont qui enjambe le Goulet de Fromentine à partir de la Barre-de-Monts, on a tout juste le temps d'entrevoir la surface des eaux scintillantes ou les immensités grises des parcs à huîtres...

Qu'est-ce qui est île ? qu'est-ce qui est marais ?

En haut à droite : un long chenal conduit de la mer aux quais de l'Étier du Moulin, à Noirmoutier-en-l'Île.

À gauche et en bas : au travail sur les parcs à huîtres qui donnent sur la baie de Bourgneuf.

Les quelques secondes nécessaires pour parcourir les 500 mètres du pont passent tellement vite ! Déjà, on retrouve la terre, sur une route à quatre voies où la vitesse, Dieu merci ! est limitée à 110 km à l'heure. On ne s'étonnera pas dès lors de ne pas voir la moindre trace de la mer avant de se retrouver sur le port de Noirmoutier-en-l'Île. En l'île, vraiment ?

L'île de Noirmoutier ne se dévoile qu'à ceux qui y arrivent par l'ancienne route, celle d'avant le pont jeté en 1970 : la chaussée du Gois. « Route praticable à basse mer » précise la carte Michelin sur laquelle on mesure que ce sont 4 kilomètres de grève qu'il faut traverser. Se rendre sur l'île par le Gois ne s'improvise donc pas ; il faut commencer par consulter les horaires des marées, soit dans le quotidien local, soit dans un petit annuaire comme en distribuent les maisons de la presse. Contrairement à ce qu'on pourrait croire, le respect des heures de marée n'apparaît pas comme une contrainte. C'est bien au contraire une plaisante occasion de se mettre en phase avec la nature.

En pratique, ainsi que de grands panneaux le rappellent dès le village de Beauvoir-sur-Mer qu'on traverse obligatoirement pour accéder au Gois, le passage est possible entre une heure trente avant et une heure trente après l'heure de la basse mer. Notez bien aussi cette autre information : « Par mauvais temps et par petite marée, ne pas s'écarter de l'heure de la basse mer. » En effet, par vents d'ouest, la mer a tendance à remonter plus vite, avec un niveau d'eau plus élevé qu'il ne devrait l'être ; tandis que quand le coefficient de la marée est inférieur à 50, la mer ne descend pas beaucoup.

Pour toutes ces raisons, l'idéal est de se présenter devant le passage bien avant

l'heure théorique où la chaussée se découvre. Étonnant spectacle. Pour peu que le temps soit un peu brumeux, la côte basse de Noirmoutier est à peine visible. Du Gois, on ne voit que les balises plantées à intervalles réguliers, et dont certaines supportent une plate-forme ménagée à leur sommet, destinée à accueillir les imprudents qui se sont laissés surprendre par le flot. Cela arrive souvent… Soudain, un friselis à la surface de l'eau laisse entrevoir la route qui, quelques instants plus tard, émerge tout entière. Dites-vous bien qu'à marée montante, c'est avec la même soudaineté qu'elle disparaît sous les flots… Vous pouvez vous lancer dans la traversée, à petite vitesse car sur la chaussée trempée, les projections d'eau de mer ne font aucun bien au châssis de votre voiture.

Si vous souhaitez conserver de Noirmoutier le souvenir de cette ambiance hors du temps, au premier rond-point rencontré, prenez la direction de Barbâtre et ensuite de La Guérinière, afin de traverser l'île par de petites routes qui offrent une multitude d'accès à la plage. Et voici enfin Noirmoutier-en-l'Île dont les quais s'étendent tout au long d'un chenal. Pourquoi un port aussi important ? Parce que, depuis le Moyen Âge et jusqu'au début du XXe siècle, Noirmoutier fut un important producteur de sel. Ici accostaient les goélettes qui traquaient la morue

EN HAUT : le clocher et le château de Noirmoutier-en-l'Île se dressent sur une légère éminence.

CI-DESSOUS : sur la jetée Jacobsen (marais Mullembourg).

CI-CONTRE : le château de Noirmoutier, forteresse du XIIe siècle.

CI-DESSOUS : dans le musée du château de Noirmoutier, éclairée par les vitraux des fenêtres à menaux : une figure de proue ; et dans le musée de La Guérinière, un coffre de marin du début du XXe siècle.

dans les mers nordiques, et conservaient leur pêche dans du sel. C'est ainsi que le port de Noirmoutier ne désemplissait pas de navires venus de Bretagne, de Normandie mais aussi de la mer du Nord : de Dantzig et de Suède pour certains ! En fait, un coup d'œil sur la carte montre que la « terre ferme » se limite à la partie nord de Noirmoutier, ce qu'on appelait autrefois l'île d'Her. Le reste n'est que marais salants et polders protégés par des digues. Soixante-dix pour cent de la surface de l'île se trouve sous le niveau de la mer ! De nos jours, la production de sel occupe encore plusieurs dizaines de sauniers qui trouvent un débouché dans des produits à forte valeur ajoutée comme le beurre et le jambon « au sel de Noirmoutier ».

Au-dessus du village se dresse le château avec ses tours rondes à toits d'ardoise : l'impressionnante citadelle témoigne de la convoitise dont l'île fut l'enjeu au cours des siècles. Ainsi que son nom l'indique, l'île connut la civilisation avec l'installation d'un monastère dont il reste encore quelques ruines romantiques tout au nord de l'île. Noirmoutier fut aussi un établissement viking stratégiquement bien placé pour des razzias sur la Loire... Par la suite, comme les autres îles du littoral atlantique, Noirmoutier a constitué un maillon des défenses maritimes du royaume de France, ce qui lui valut de subir nombre de sièges, ainsi qu'on le découvre en visitant le musée installé dans le château. Deux autres musées méritent par ailleurs la visite : le premier, consacré aux Traditions, se trouve à La Guérinière. Réunissant des objets confiés par les habitants de Noirmoutier, il évoque les différents métiers traditionnels qu'ils pratiquaient jusqu'à ces dernières décennies : l'exploitation des salines et la pêche bien sûr, mais aussi l'agriculture puisque les pommes de terre de Noirmoutier sont depuis toujours réputées

pour leur finesse et leur précocité ; et enfin la minoterie, l'île possédant plusieurs superbes moulins à vent.

Quant à la construction navale, elle possède son propre musée en face du port, de l'autre côté du canal. Les nombreux voiliers en bois amarrés dans le port ne manquent pas de séduire l'objectif des appareils photo et des Caméscope. Pourquoi sont-ils si nombreux ici ? Parce que Noirmoutier a conservé le savoir-faire des charpentiers navals, aussi nombre de coques anciennes ont-elles été restaurées au chantier Charles Marine qui, à lui seul, est déjà un musée. Mais bien vivant ! Il jouxte le magnifique musée de la Construction navale, aménagé dans de vieux hangars aux murs de bois goudronné et toitures en tuile rouge. Même si l'on n'est pas au fait des choses de la navigation, impossible de ne pas se laisser séduire par la chaleur du bois brut, les arrondis des charpentes, la complexité des assemblages, le poli de la laque sur une coque prête à être mise à l'eau. Car ce musée sans équivalent expose toutes les phases de la construction d'un bateau en bois « bordé sur membrures » pour employer l'expression consacrée.

Le pittoresque maritime de Noirmoutier se retrouve encore dans le port de L'Herbaudière, à la pointe nord-ouest de l'île. À l'origine, c'était un port sardinier au pied de quatre conserveries et d'un village. Dans les années 70, il devient surtout un port de plaisance bien situé sur la côte vendéenne où les possibilités d'escale sont rares ; d'autant plus que ses bassins sont toujours en eau. Aujourd'hui, il a de plus repris un rôle de grand port de pêche, puisque près d'une centaine d'unités y sont attachées, approvisionnant une criée importante : ne pas manquer, à l'occasion, d'assister à une de ces séances. Par ailleurs, le spectacle des arrivées de bateaux, des travaux d'entretien, de remaillage des filets... donne aux lieux une très sympathique ambiance « extra-touristique ».

Mais le site le plus étrange de Noirmoutier reste sans doute le bois de la Chaise et sa plage des Dames. En contrebas d'un bois de pins et de chênes dont les ramures s'étendent jusqu'au-dessus du rivage, la plage de sable fin dessine un arc de cercle parfait bordé, comme dans toutes les stations balnéaires de la Belle

EN HAUT : la poudre qui servait autrefois à colorer les voiles en coton.

EN BAS À GAUCHE : le très actif port de pêche et de plaisance de L'Herbaudière.

EN BAS À DROITE : le musée de la Construction navale de Noirmoutier-en-l'Île fait revivre le petit monde de la pêche et des chantiers navals au temps du bois et de la voile.

DES PLAGES QUI ONT GARDÉ L'ESPRIT DE LA BELLE EPOQUE.

Époque, par une rangée de cabines laquées en blanc. Sur le côté le plus au large de la plage, une estacade de bois brut file vers le large, s'achevant sur un débarcadère. Ici accostent en été les bateaux venus de Pornic : voici peut-être d'ailleurs la plus belle façon de découvrir Noirmoutier. On pourra alors louer un vélo pour se rendre au bourg (à 2 km) et à L'Herbaudière (encore 5 km). À moins de longer la côte vers le sud pour rejoindre le canal de Noirmoutier-en-l'Île qu'on longera jusqu'au port (compter 5 km environ).

Une date idéale pour découvrir l'île de la sorte serait celle des célèbres régates du bois de la Chaise qui réunissent tous les ans aux alentours du 15 août des voiliers anciens ou construits à l'ancienne, yachts aussi bien que bateaux de pêche. Les courses disputées au large de la plage ne manquent pas de panache, mais il faut assister aussi à la remontée des bateaux jusqu'au port. Devant le spectacle du canal encombré de bateaux en bois, impossible d'échapper à une certaine nostalgie : celle de l'époque où goélettes, morutières et caboteurs venaient en ces lieux remplir leurs cales de sel.

Noirmoutier possède plusieurs plages superbes. En haut à gauche : Luzéronde près de L'Herbaudière, où des claies retiennent le sable ; à droite : la Clère près du Grand Vieil ; en bas : la plage des Dames sous le bois de la Chaise. En haut de ces plages, s'alignent des cabines de bain, souvenir d'une époque où on aimait avoir ses aises...

PAGE DE DROITE : au bout de la plage des Dames, l'estacade où à marée haute, on pêche au carrelet.

ÎLE D'YEU

EN HAUT :
cette girouette représentant un thonier à voiles rappelle que la pêche au germon fait toute la vie de l'île.

PAGE DE GAUCHE :
à Port-Joinville sous le soleil, on se croirait en Espagne !

EN BAS :
lieu de rencontre des pêcheurs d'Yeu, le café Chez Jeannette.

SITUÉE À un peu plus de 9 milles marins (17 km) dans le sud-ouest de Notre-Dame-de-Monts, Yeu est la plus au large des îles atlantiques. Et quelle île ! Alors que la côte vendéenne toute basse est bordée d'une succession de longues plages, Yeu dresse au-dessus des vagues une masse de granit qui lui fait ressembler, de loin, aux îles de Bretagne. Il est vrai qu'elle présente la même configuration que Belle-Île-en-Mer et Groix, avec côté large une côte sauvage escarpée qui s'élève en vigie sur le golfe de Gascogne, et, côté terre, une succession de douces plages enchâssées entre des pointes rocheuses. On peut aussi rappeler que Port-Joinville s'est à l'origine appelé Port-Breton, mais la comparaison s'arrête là.

De fait, comme le bateau se glisse entre les jetées de Port-Joinville, c'est une ville espagnole qui se dévoile, avec des maisons toutes blanches aux volets de couleurs vives sous des toits de tuiles orange vif. L'évocation de cette ressemblance avec l'Espagne est peut-être malheureuse aujourd'hui. Elle risque bien de ne pas être appréciée par les pêcheurs d'Yeu, qui se trouvent en conflit avec leurs collègues ibériques. Sujet de la discorde : la pêche au thon germon, réglementée par la Communauté européenne dans un sens qui pénalise l'équipement ultramoderne des Français, et arrange les Espagnols, moins bien équipés. Car la pêche au germon, c'est toute la vie de l'île où, en guise de plaisanterie, on évoque volontiers cette réécriture facile de la Bible : « Tu honoreras le seigneur thon d'Yeu. »

Port-Joinville pourra-t-il encore pêcher le thon ?

Sur les quais de Port-Joinville. L'Abri du marin est une institution sociale créée vers 1900 pour offrir aux pêcheurs une alternative à la fréquentation des cafés.

En bas à droite : l'éclat vif des thons germons tout justes débarqués.

Après avoir armé, jusqu'aux années 50, une flottille de voiliers superbes qui pêchaient le germon à la ligne (le chapitre consacré à l'île de Groix décrit en détail ces bateaux et leurs méthodes de travail), Port-Joinville abrite maintenant des thoniers élégants et puissants, qui capturaient jusqu'à présent le poisson au moyen de filets dérivants longs de 2,5 km. Parce que cette méthode laisse craindre à terme la disparition des bancs, ces filets géants se trouvent interdits depuis 2002. L'heure d'une reconversion vers d'autres types de pêche a donc sonné, ce qui ne manque pas de traumatiser une population dont l'économie est depuis des lustres basée sur le germon. Mieux vaut savoir tout cela si on ne souhaite pas commettre d'impair en se mêlant d'une conversation dans un des cafés si accueillants qui se succèdent sur le quai.

Port-Joinville sous le soleil… Dans le lacis des ruelles, on ne se lasse pas de contempler les frises que l'ombre noire des bordures des toits dessine sur les murs immaculés. Rue de la Fée, rue du Paradis, de la Fourchette, du Coin-du-Chat… seulement des noms chargés de bonheur ou révélateurs d'un art du bien-vivre : voilà qui est bon signe ! On arrivera ainsi à l'église Notre-Dame-du-Port dont la nef, bien sûr, s'orne de maquettes de bateaux suspendues en ex-voto.

En vérité, les habitations de Port-Joinville affichent une modestie de bon aloi qui ne laisse pas soupçonner que, dans les siècles passés, Yeu armait des flottes entières de navires marchands spécialisés dans le cabotage entre la péninsule Ibérique et la mer du Nord. Ce fut aussi un grand centre de contrebande, puisque l'île se trouvait dispensée de taxes sur le commerce du sel et du tabac. Une contrebande qui, sur place tout au moins, s'affichait au grand jour puisqu'il existait une Société de commerce de tabac réunissant des actionnaires ! La livraison des marchandises sur le territoire national faisait quant à elle l'objet de débarquements clandestins dans lesquels excellaient les capitaines islais !

Pour rester dans l'ambiance maritime, on peut ensuite quitter le bourg en « mettant le cap » sur le Grand Phare dont la tour pointe

Au milieu des venelles bordées de maisons de pêcheurs – toutes de plain-pied et à un seul niveau d'habitation –, l'église de Port-Joinville. Noter le vitrail représentant un thonier à voiles.

à 41 mètres. À pied ou à vélo ? Si on débarque le matin pour repartir avec le bateau du soir, le vélo est préférable dans la mesure où le tour de l'île représente une vingtaine de kilomètres. On ne manquera d'ailleurs pas de passer à l'office du tourisme pour se procurer une carte de l'île avec les différents itinéraires de découverte possibles.

Après être passé au phare, on poursuivra vers la pointe nord-ouest de l'île, jusqu'à la pointe du But où se dresse l'ancien sémaphore, face aux rochers des Chiens Perrins que la houle ourle d'écume même par beau temps. À partir de là, on longe la côte sauvage vers le sud : c'est ici que l'île d'Yeu se montre la plus pittoresque, surtout après la pointe du Châtelet qui s'enfonce en éperon vers le large. Car voici le Vieux Château, magique. Ce rocher décollé de la falaise par une faille ne manqua pas d'apparaître comme un site inexpugnable, et l'habileté avec laquelle les premiers défenseurs accrochèrent

DOUBLE PAGE PRÉCÉDENTE : sur la pointe du But (nord-ouest de l'île d'Yeu), la végétation torturée évoque la force des vents d'ouest dominants.

EN HAUT : face au large, les ruines du Vieux Château rappellent l'importance stratégique de l'île d'Yeu.

EN BAS : l'anse des Vieilles, au sud de l'île, offre un mouillage par beau temps aux plaisanciers.

tours et remparts au roc a quelque chose de surnaturel. On pourrait croire qu'il s'agit en réalité d'un décor conçu pour un film fantastique ! Mais Olivier de Clisson, quatrième du nom, qui fit construire cette citadelle dans les toutes premières années 1600, avait bel et bien des visées stratégiques : l'île d'Yeu était un point de défense avancé de la côte. Et c'est à ce titre que l'île connut de furieuses échauffourées, Français, Anglais et Espagnols se disputant les lieux. Par la suite, Fouquet, qui avait déjà fortifié Belle-Île-en-Mer où il abritait une flotte personnelle, devint aussi maître du château d'Yeu. C'est certainement pour cela que Louis XIV en fit démanteler le système défensif.

En continuant à longer la falaise par l'ancien chemin des douaniers, on aperçoit bientôt une chapelle blanchie à la chaux et au clocher de maçonnerie. Avec sa porte bleu roi et ses tuiles rousses, on pourrait la croire transportée depuis les îles grecques ! Notre-Dame-de-Bonne-Nouvelle signale l'incroyable petit port de la Meule. Au débouché d'un vallon, un rocher protège une crique qu'un étroit goulet fait communiquer avec la mer. Un petit phare permet à une flottille de caseyeurs de débarquer leur pêche jour et nuit – dans ce métier la marée impose ses heures. Si la crique assèche aux marées basses, il leur reste toujours suffisamment d'eau pour mouiller devant l'entrée du port, en contrebas de la chapelle.

Le port de la Meule montre deux originalités. D'une part, alignée sur le quai, une série de cabanes à matériel bricolées de bric et de broc, parfois récupérées dans des parties entières d'épaves. D'autre part, le village ne donne pas sur le port comme c'est le cas sur la plupart des rivages : les maisons se groupent un peu plus haut. Cela s'explique par les raz-de-marée provoqués par des tempêtes exceptionnelles – les mêmes que ceux qui submergèrent l'île de Sein, aux XVIIIe et XIXe siècles – qui ont à plusieurs reprises balayé le port et les habitations.

Poursuivant la balade le long de la côte, on repère dans le lointain le clocher de l'église Saint-Sauveur, dont l'architecture est typique du style roman poitevin. En réalité, il possédait jadis un toit pointu couvert d'ardoises

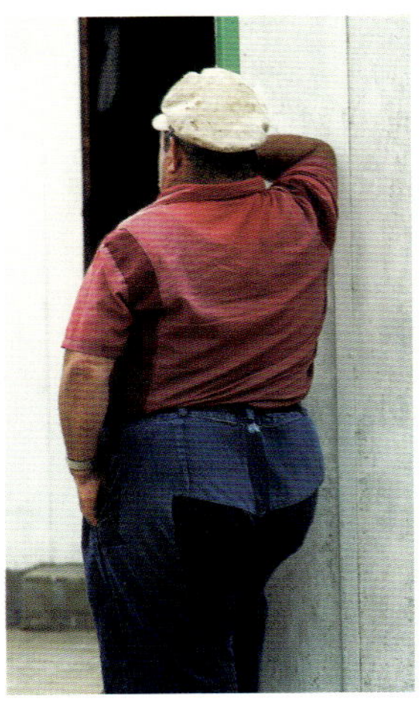

En haut et ci-dessus : pris du petit port de la Meule, où les pêcheurs rangent leur matériel dans des cabanes colorées, se dresse la chapelle Notre-Dame-de-Bonne-Nouvelle. Elle constitue pour les marins un amer visible du large.

destiné à le rehausser et à le rendre plus efficace comme repère pour les navigateurs. En effet, dès le XVIe siècle, tous les capitaines arrivant de la pointe d'Espagne ou d'Amérique vers les ports français de la côte atlantique le connaissaient comme premier amer à identifier avant de faire route sur leur port de destination.

Après la pointe de la Tranche, la côte s'abaisse graduellement jusqu'à la pointe des Corbeaux qui marque l'extrémité sud-est de l'île. Ici, le paysage change du tout au tout. À la côte sauvage, faite de falaises, de rocs et de récifs, succède un littoral à l'ambiance bien plus douce. Adossées à l'île qui les protège de la houle et des vents d'ouest dominants se suivent de belles plages. Les Conches, la Raie profonde, le Marais salé, Ker-Châlon étendent de longues étendues de sable doré au pied de pinèdes. Autant on se sentait en Bretagne sur la côte sauvage, autant on penserait plutôt ici au littoral des Landes. Depuis le débarquement à Port-Joinville, on aura donc vu se succéder des ambiances espagnole, armoricaine, grecque, que sais-je encore ? Et c'est bien en cela que l'île d'Yeu est un lieu unique !

CI-DESSUS : à la pointe sud-est de l'île d'Yeu, la pointe des Corbeaux et son phare marquent la transition entre la côte sauvage et le littoral plus abrité, orienté vers la terre.

CI-CONTRE : sur la face nord-est de l'île, s'étend la longue plage de la Grande Conche.

Ré

Double page précédente : l'entrée du port de la Cotinière, à Oléron.

Saint-Martin-de-Ré, La Flotte (photo du haut), Ars-en-Ré, Sainte-Marie-de-Ré, pour se balader de port en village, rien ne vaut le vélo. L'île possède d'ailleurs des kilomètres de pistes cyclables.

Ré-la-blanche, commença-t-on à dire au XVIIIe siècle lorsque l'île se fit connaître de toute l'Europe pour son sel et pour son vin. Depuis, le vignoble a certes gagné sur les marais salants, mais voyez la carte : regardez ce qui, entre Loix et la pointe des Baleines au nord-ouest de l'île, relève du monde solide de la terre et ce qui n'est que salines, territoire amphibie partagé entre l'Océan et l'île. La terre ne représente décidément pas grand-chose.

Voulez-vous découvrir Ré dans ce qu'elle a de plus vrai ? Alors pour le moment, évitez La Flotte, Saint-Martin, Ars. Louez un vélo et traversez l'île dans toute sa longueur par les pistes cyclables (on vous fournira le plan de ces dernières avec votre monture). Il faut bien compter 25 km, mais dans la mesure où le point culminant de l'île n'atteint pas les 20 mètres pour une altitude moyenne de 5 mètres, il n'y a aucune côte à redouter. Aussi vous filerez comme le vent au milieu des paysages doux que dessinent les vignes. Puissiez-vous faire cette découverte au moment de leur flamboiement d'automne... Et arrosez donc votre prochaine dégustation de fruits de mer avec un royal, l'excellent blanc sec de l'île.

De loin en loin, vous verrez les clochers des églises pointer au-dessus de toits de tuiles et vous vous étonnerez sans doute de découvrir que celui d'Ars-en-Ré est peint en noir dans sa partie supérieure. Il sert en effet d'amer pour les navigateurs. Et puisque vous voici dans l'ouest de l'île, poussez donc jusqu'à Loix et son petit port ostréicole.

Célèbre pour son sel, Ré fut surnommée « Ré-la-Blanche »

Ici, on n'a pas oublié les gestes d'autrefois, qu'il s'agisse de la vannerie ou de l'exploitation des marais salants qui fournissent la fameuse fleur de sel (ci-dessous et page de droite).

Cela vous fera traverser les salins, puis vous repérerez un panneau vous invitant à visiter la maison du Marais salant. N'hésitez pas, car vous y découvrirez l'alchimie naturelle par laquelle le soleil et le vent s'unissent pour transformer l'eau de mer en cristaux de sel. Le principe est simple mais sa mise en œuvre bien plus complexe, exigeant une longue expérience.

Pour résumer, disons qu'il s'agit, à la faveur d'une grande marée, de laisser l'eau de mer emplir de grands bassins. Au fur et à mesure que l'évaporation s'effectue, on introduit l'eau toujours plus salée dans des compartiments de plus en plus petits, jusqu'à ce que, toute l'eau ayant disparu, il ne reste plus que des cristaux, la fameuse fleur de sel. Si l'évaporation doit autant au vent qu'au soleil, il faut savoir que c'est la chaleur elle-même qui provoque la brise. En effet, sous l'effet du rayonnement solaire intense, l'air échauffé se dilate et est entraîné en altitude, provoquant un appel d'air ; c'est ce qu'on appelle la brise thermique.

On peut le dire, l'île de Ré bénéficie d'un ensoleillement exceptionnellement généreux : plus de trois cent vingt jours par an ! Cela explique pourquoi elle est devenue, dans les années d'après-guerre, une destination touristique privilégiée. Il faut même s'émerveiller qu'elle soit parvenue à ne pas se laisser bétonner ni même défigurer. Mais justement, avez-vous remarqué ? La plupart des volets sont peints en vert, vert Véronèse pour être précis. Cela fait partie d'une série de normes d'urbanisme qui, en imposant une unité architecturale, évitent à l'île de Ré le « mitage » (pour employer le terme consacré) qui défigure tant d'autres régions.

Climat quasi méditerranéen, paysages intacts (et encore, nous n'avons pas évoqué les immenses plages de sable clair…), on conçoit que nombre de visiteurs occasionnels n'aient pas résisté à son pouvoir de séduction et aient souhaité s'y installer. Depuis quelques décennies, Ré connaît un phénomène comparable à celui qui toucha la presqu'île de Saint-Tropez dans les années 60. C'est le nouvel endroit où il faut être vu. Un guide touristique s'est même autorisé une petite analyse sociologique un peu caricaturale, mais pas fausse non plus. Selon lui, on ne s'installe pas au sud de Saint-Martin : c'est trop près du pont et donc trop fréquenté par « les touristes ». La Couarde a été choisie depuis longtemps par « les familles BCBG parisiennes et lyonnaises » ; Loix est le fief du « tout-édition et médias » ; Ars demeure la capitale des « vieux estivants n'ayant pas attendu la mode » ; Les Portes accueille « le gratin mondain et politique », tandis que Saint-Clément, juste à côté, a été récemment « colonisé par ceux qui voulaient à tout prix être aux Portes, mais n'ont rien trouvé ».

Qu'importe le pont, Ré conserve tout son art de vivre insulaire.

Double page précédente :
de leur grand râteau, les sauniers enlèvent de la surface de l'eau les cristaux de sel.

Page de gauche :
les remparts de Saint-Martin-de-Ré ont conservé les portes fortifiées qui donnaient autrefois accès à la ville. La porte des Campani se compose d'un pont- levis auquel succède un tunnel lui-même fermé par une porte et une herse. Inexpugnable !

Ci-dessus :
des plantations d'oyats ont stabilisé les dunes de l'île de Ré.

Ci-dessous :
long de 2 960 mètres et surplombant les plus grandes marées de 32 mètres, le pont de l'île de Ré dessine un immense arc de cercle.

Il est certain que le pont gigantesque qui relie l'île à La Rochelle depuis 1988 est pour beaucoup dans cet engouement. « Depuis le pont, on ne reconnaît plus l'île ; rien n'est plus comme avant », répètent les vieux Rétais. L'île est-elle beaucoup plus fréquentée ? Il semble que cela ne soit pas si sensible : à l'époque du bac, on a vu la file d'attente si longue que certains patientaient en été plusieurs heures avant de pouvoir passer (le record serait de neuf heures d'attente !). Les paysages ont-ils changé ? On a vu qu'ils demeurent très préservés. Mais en perdant son caractère insulaire, l'île a forcément évolué. L'insularité suppose de vivre en fonction des heures du bateau et éventuellement de la marée ou de la météo. Cela est certes très contraignant, mais la disparition de cette contrainte correspond forcément à l'amoindrissement du caractère exceptionnel que la nature avait imposé aux lieux.

Mais qu'importe la foule. Et tant pis si les quais se sont laissé envahir par les terrasses des cafés et des restaurants : les ports de Ré méritent la visite. Leur nombre et leur importance peuvent étonner, mais depuis toujours, l'île s'est tournée vers le négoce (le sel et le vin en constituant une base solide) plutôt que vers la pêche. On s'en rend bien compte à La Flotte-en-Ré où, après avoir traversé un dédale de petites maisons basses, on découvre le cours Félix-Faure où quelques hôtels du XVIIIe siècle, bâtis par des armateurs et autres négociants, affichent la prospérité de leurs premiers propriétaires. L'ancien port de commerce aux quais en pierre de taille est devenu une marina ; quelques bateaux

HOTEL la Jetée ***
BLANC BLEU
LR 685559

LA BARBETTE

Poésie des toits de tuiles... mystère des courettes secrètes... c'est le charme de Saint-Martin.

Double page précédente : bateaux de pêche dans le port de Saint-Martin-de-Ré.

En bas : l'hôtel de Clerjotte, étonnant manoir Renaissance, mérite la visite pour son architecture et pour le musée qu'il abrite.

Page de droite : le port de Saint-Martin s'organise autour d'une île, avec deux bassins dont l'un est maintenu à flot par une écluse.

de pêche se tenant encore dans l'avant-port, à l'abri d'une superbe jetée qui dessine une demi-lune. Dans le bourg, la Maison du Platin expose des collections de photos datant du début du siècle dont une bonne partie, particulièrement pittoresque, évoque les temps où seuls bateaux et bacs permettaient de rejoindre le continent.

Saint-Martin-de-Ré, au pied de sa citadelle, apparaît comme le cœur historique de l'île. Si Ré est aujourd'hui la proie des professionnels de l'immobilier, elle a fait pendant des siècles l'objet de la convoitise des Anglais. Pas un instant, entre la guerre de Cent Ans et la fin du Premier Empire, la pression britannique ne se relâcha. C'est pourquoi Vauban réalisa ici une des applications les mieux achevées de ses théories sur l'architecture militaire. La ville se trouve donc ceinte de remparts eux-mêmes protégés par des bastions avancés ; elle s'ouvre sur le port à la configuration originale puisque les bassins entourent un îlot central. La citadelle occupe le point nord-est de la ville et constitue un ensemble fortifié indépendant. Même si la ville tombait aux mains de l'ennemi, elle pouvait prolonger la résistance, possédant même un petit port particulier qui lui permettrait d'être ravitaillée par mer.

Aujourd'hui, Saint-Martin-de-Ré est l'un des plus pittoresques ports de plaisance de notre littoral, ses quais accueillant boutiques de souvenirs et terrasses. Quant à la citadelle, elle est devenue une prison à la fin du XIXe siècle : c'est là qu'étaient regroupés les condamnés au bagne avant leur départ pour la Nouvelle-Calédonie ou la Guyane ; aujourd'hui, c'est une maison centrale de l'administration pénitentiaire. Mais pour en revenir à des réalités plus plaisantes, que faut-il voir en ville ? En remontant vers l'église et la mairie, on note des maisons à colombage

PAGE DE GAUCHE : la peinture en blanc et noir du clocher d'Ars-en-Ré n'est pas simple fantaisie. Elle permet de le rendre plus visible depuis le large : avec le phare des Baleines, il représente l'un des points les plus repérables de l'île.

PAGE DE DROITE : pour accéder à Ars-en-Ré, les bateaux doivent traverser l'immense baie du Fier d'Ars – le chenal atteint 3 km – après avoir franchi le passage de Trousse-Chemise.

et des hôtels particuliers. Mais surtout, il faut visiter l'hôtel de Clerjotte où les collections du musée Ernest-Cognacq retracent l'histoire de l'île de Ré.

Le troisième port de l'île est celui d'Ars. Situé légèrement à l'écart du village, il communique avec la mer par le long chenal de la Criée ; ou plutôt avec la baie du Fier d'Ars qui elle-même donne sur la mer par le goulet de Trousse-Chemise (ainsi appelé parce qu'il est possible de le traverser à marée basse, mais à la condition de trousser sa chemise afin de ne pas la mouiller !). Jusqu'à la fin du XIXe siècle, Ars a accueilli les caboteurs venus charger le sel dans ce port d'accès difficile, mais situé au beau milieu des marais salants.

Bien sûr, la visite de Ré n'est pas complète sans l'ascension des 57 mètres du phare des Baleines, à l'extrême pointe de l'île. Moyennant 257 marches d'effort, on atteint la galerie d'où la vue porte sur l'océan à l'ouest, la côte vendéenne dans le nord, toute l'île de Ré dans l'est, et Oléron dans le sud, de l'autre côté du pertuis d'Antioche. Mais quelle foule, que de boutiques de souvenirs au pied de la tour ! Aussi, avant de rejoindre le continent, arrêtez-vous à Rivedoux-Plage, peu avant le pont. N'ayant pas de curiosité à proposer aux visiteurs, ce simple petit port ostréicole n'en a que mieux conservé son authenticité : c'est une chose devenue si rare...

Au phare des Baleines, à l'extrême nord-ouest de l'île de Ré.

EN HAUT : la beauté des lentilles de Fresnel qui accroissent l'intensité lumineuse de la lanterne.

PAGE DE DROITE : l'escalier en colimaçon qui se déroule à partir d'un sol dont le carrelage dessine une rose des vents.

1854

Aix

PAGE DE GAUCHE : le phare de l'île d'Aix se complète d'une seconde tour dotée d'un écran qui colore localement l'éclat du phare en rouge.

EN HAUT : la vue aérienne montre clairement que la partie sud de l'île est une authentique forteresse.

À DROITE : c'est une porte fortifiée qui, aujourd'hui encore, donne accès à l'île d'Aix.

UN QUART D'HEURE après avoir quitté l'embarcadère de la pointe de la Fumée à Fouras, le bateau est devant l'île d'Aix. De toutes les îles de la Charente, c'est la seule à avoir conservé l'intégrité de son caractère insulaire : pas de pont, et un chenal où même à marée basse il reste toujours plusieurs mètres d'eau. Ses rivages se dévoilent : sur la gauche, un rempart, plus à droite une plage et, plus loin encore, une éminence boisée. Si, vue de la sorte, l'île semble toute petite, un coup d'œil sur une carte montre qu'en fait elle adopte une forme de croissant, ce qui porte la longueur de son littoral à plus de 7 km.

Comme le bateau approche du port, les remparts laissent apercevoir les toits de tuiles de la petite cité, au pied des deux tours quasi jumelles des phares. Les manœuvres de mise à quai qui obligent le bateau à effectuer plusieurs marches avant et arrière soulèvent des volutes de vase qui teintent l'eau de jaune. Enfin, on accoste à une grande cale en pierre de taille, donnant sur une porte fortifiée. Les lieux ne manquent pas de majesté.

C'est donc ici que le 9 juillet 1815, l'empereur Napoléon Ier prit ses quartiers après avoir été destitué suite à la défaite de Waterloo. Qu'allait-il devenir ? Deux vaisseaux français étaient supposés le conduire, lui et ses proches, en Amérique : la *Saale* et la *Méduse* (dont le naufrage, quelques mois plus tard, allait inspirer au

Sur l'île d'Aix, impossible d'échapper au souvenir de Napoléon. La maison de l'Empereur (page de droite) est en fait la résidence qui avait été construite pour le gouverneur militaire de l'île, lorsque cette dernière fut fortifiée afin de devenir un point de défense avancé de l'arsenal militaire de Rochefort.

peintre Géricault un tableau fameux). L'Empereur demeurait cependant persuadé que, d'une heure à l'autre, on allait lui demander de prendre la tête de ce qui restait de l'armée pour empêcher les Alliés d'investir toute la France. Pendant ce temps, la flotte britannique barrait le pertuis d'Antioche, comme on appelle le bras de mer entre les îles de Ré et d'Oléron, passage obligé pour gagner le large.

Immédiatement, il apparut que les commandants de la *Saale* et de la *Méduse* avaient reçu des instructions qui n'allaient pas dans le sens souhaité par Napoléon. Si l'Empereur voulait conserver sa liberté et gagner les États-Unis, ce serait obligatoirement comme un fugitif, en forçant le passage ! Des fidèles mirent alors au point un plan d'évasion astucieux avec l'aide d'un certain Besson, le capitaine de la *Magdalena*, petit brick battant

pavillon danois et affrété pour transporter du cognac vers Kiel et New York. L'idée consistait à aménager une des cuves à alcool en cache, et à quitter l'estuaire de la Charente par le pertuis de Maumusson, après s'être glissé dans l'étroit, sinueux et peu profond Coureau d'Oléron seulement praticable aux tout petits navires. De la sorte, il était aisé d'échapper à la vigilance anglaise et même à des contrôles ultérieurs. Mais au dernier moment, Napoléon changea d'avis. Le 15 juillet, il se rendit à bord du *Bellérophon*, le navire amiral britannique, où il se confia à la bienveillance de la Couronne. On connaît la suite...

On peut imaginer qu'en franchissant la porte de la citadelle, Napoléon mesura l'ampleur de sa déchéance : sept ans auparavant, n'était-il pas venu en ces lieux inspecter le dispositif de défense qu'il avait lui-même mis au point pour protéger l'entrée de la Charente où se trouve l'arsenal de Rochefort ? Sans doute apprécia-t-il alors d'avoir à l'époque fait édifier une maison du Gouverneur un peu moins modeste que les autres constructions de l'île. Il eut ainsi ses aises : maigre consolation. D'autant plus qu'à sa précédente visite, l'Empereur n'était pas seulement le maître de l'Europe : il prétendait même imposer sa volonté à l'Océan en lançant les fondations de fort Boyard.

EN HAUT : l'impressionnant fort Boyard dont la construction exigea des travaux pharaoniques.

A DROITE : L'estuaire de la Charente à marée basse : seules des zones très étroites gardent encore assez de fond pour qu'on puisse y naviguer, ainsi la Fosse d'Énet, entre l'île d'Aix et le fort du même nom.

Cette citadelle qui semble posée sur l'eau a aujourd'hui acquis une renommée internationale avec les émissions télévisées réalisées dans son décor fantasmagorique. Mais sa véritable histoire mérite d'être connue. Depuis les premières fortifications édifiées par Vauban sur l'ensemble du littoral et des îles entre Ré et Oléron, on savait que le dispositif de défense de l'estuaire de la Charente montrait un point faible. En effet, les zones couvertes par le feu des batteries installées sur les îles d'Aix et d'Oléron laissaient un passage hors de portée des canons.

Là où Vauban renonça, Napoléon osa. Il décida de déposer des masses de rochers sur un banc de sable situé à mi-distance entre la pointe Sainte-Catherine sur Aix, et la pointe des Saumonards sur l'île de Ré, afin de créer une île artificielle. Un chantier titanesque ! Mais la mission n'était pourtant pas impossible, puisque fort Boyard existe. Seulement, quand la construction se trouva enfin en état de recevoir des batteries (en 1857), l'artillerie avait fait des progrès considérables ! La portée des canons avait été multipliée par trois, de telle sorte que les défenses d'Aix et d'Oléron suffisaient désormais à verrouiller les approches de Rochefort. Quand le destin se complaît dans l'absurdité... Mais revenons sur Aix.

CI-DESSUS :
la tour du sémaphore qui contrôle tout le pertuis d'Antioche, entre Oléron, Ré et La Rochelle.

CI-CONTRE :
pas d'automobiles sur Aix, mais des calèches qui proposent des tours de l'île.

Aujourd'hui donc, le souvenir de Napoléon est partout. En traversant la place d'Austerlitz, on arrive à un hôtel de Napoléon, et l'ancienne maison du Gouverneur est aujourd'hui la maison de l'Empereur, aménagée en musée. Plus étonnant, dans le Musée africain qui se trouve juste en face, on peut voir le dromadaire blanc qui avait été la monture de Bonaparte lors de sa fameuse campagne d'Égypte !

En fait, avec ses rues très larges, bordées de maisons blanches ou peintes en tons pastel, mais à un seul niveau, l'île d'Aix présente un visage quelque peu étrange pour ne pas dire surréaliste. Devant presque chacune d'entre elles stationne l'indispensable carriole qui sert à transporter les bagages et le ravitaillement apporté de Fouras. Partout des roses trémières se tiennent au garde-à-vous. Une bonne partie des visiteurs d'Aix ne dépasse guère ces trois rues qui convergent vers la place d'Austerlitz qui est en réalité une vaste pelouse. Se limiter aux musées et à la boutique-atelier qui fabrique des souvenirs en nacre très kitch serait pourtant dommage. Faire le tour de l'île par le sentier côtier s'impose : au total, si on ne veut pas se presser, il faut bien envisager trois petites heures de balade.

En sortant de la citadelle par la porte de l'Église, on accède à la plage aux Coquillages et à la pointe de Coudepont après avoir longé une belle pinède : il est possible d'y visiter le très exotique conservatoire d'une flore provenant du monde entier. Poursuivant le tour de l'île par une côte maintenant plus rocheuse, on longe le bois où se dresse le fort Liédot. Après avoir servi à plusieurs reprises de prison au cours des siècles, il se trouve aujourd'hui confié au Conservatoire du littoral qui le

destine à des activités plus culturelles. On reviendra ensuite vers le village en suivant la côte exposée au large où se succèdent les anciennes batteries, jusqu'à la superbe Grande Plage et l'anse de la Croix. De là, on pourra rejoindre la place d'Austerlitz en passant devant le sémaphore, ou bien faire le tour de la pointe Sainte-Catherine qui offre un beau coup d'œil sur fort Boyard. De cette façon, on rejoint la citadelle par le port où accoste le bateau de Fouras. Le passage au pied des deux tours du phare est quelque peu acrobatique, et une précision s'impose : une seule de ces tours est un phare, l'autre portant simplement un écran coloré afin de baliser d'une lumière rouge un secteur de navigation dangereux.

Aujourd'hui, sur l'ancienne place d'armes dite place d'Austerlitz, ce sont des roses trémières qui montent la garde face aux fossés de la citadelle.

MADAME

EN HAUT :
L'île Madame
à marée basse.

À DROITE :
pêche à pied en
famille entre l'île
Madame et les Palles.

PAGE DE GAUCHE :
dressée sur ses pilotis,
une pêcherie
au carrelet comme
on en voit
uniquement sur le
littoral atlantique.

BIEN QU'ELLE FIGURE parmi les moins connues sans doute des îles françaises, Madame mérite la visite. Car au départ de la vague chaussée de sable et de galets qui y donne accès à marée basse, on peut lire : « Réserve naturelle d'huîtres ». Pêche réglementée sur le plateau des Palles : ouverture du 28 janvier au 30 juin ; pêche limitée à 5 kg par jour et par personne. Imaginez-vous ? Dans un panier, le pain bis et le beurre des Charentes, une bouteille de vin blanc (de Ré ou d'Oléron, bien sûr !) ; une partie de pêche à pied sur le plateau – où on trouve aussi des coques – et, au retour, le pique-nique sur la plage...

Mais une telle expédition se prépare avec soin. D'abord où est-ce, l'île Madame ? Cet îlot monte la garde à l'extrémité de l'estuaire de la Charente, rive gauche, en face de Fouras, donc. La passe aux Bœufs qui y conduit trouve son point de départ au Port-des-Barques, à une dizaine de kilomètres de Rochefort. Mais l'itinéraire le plus intéressant pour y accéder consiste à venir du sud, depuis Marennes. On traverse alors d'immenses marais par l'étroite route de Brouage, cette étonnante ville fortifiée qui fut, au XVIe siècle, un port important et se trouve aujourd'hui à 3 km de la mer, suite à l'envasement des baies.

Il faut bien entendu consulter les horaires de marée, de façon à se rendre sur l'île dès que la passe aux Bœufs se découvre. À ce moment-là, calculez le temps qu'il vous reste avant la marée basse. En ajoutant ce laps de temps à l'heure de la marée basse, vous déterminerez quand la chaussée sera de nouveau recouverte. Et vous compterez, en plus, une bonne marge de sécurité (disons, un quart d'heure).

Un simple rocher surmonté d'une croix rappelle le calvaire enduré par les détenus de l'île, pendant la Révolution.

Aujourd'hui, le calme des lieux est seulement troublé par les agriculteurs qui exploitent quelques champs, les promeneurs et les pêcheurs rejoignant leurs carrelets ou les bancs de vase découverts par la marée.

L'île Madame se trouve à un grand kilomètre de la côte et mesure elle-même 1,5 km sur 1 dans ses plus grandes dimensions. Quant aux roches des Palles, elles se trouvent à encore 1,5 km dans le nord-ouest de l'île, et on y accède – si la marée est assez forte – par un cheminement appelé la passe aux Filles. Cela signifie que pour une véritable partie de pêche à pied, le temps est plus que compté ; vous voici prévenus ! Mais sachez aussi que si le but de votre voyage est véritablement une dégustation d'huîtres, il existe sur l'île une « ferme-auberge marine » qui propose de plus la visite de marais salants.

La première chose que l'on voit en arrivant sur Madame est un calvaire surmontant une plaque de marbre en mémoire des 254 prêtres inhumés dans l'île Madame en 1794. Horrible tragédie que celle de ces membres du clergé qui avaient refusé de prêter serment à la Constitution républicaine et se trouvèrent pour cela condamnés à être déportés en Guyane. Détenus sur des pontons mouillés dans la rade des Basques en attendant leur embarquement, la plupart décédèrent de maladies. Dans la prairie derrière le calvaire, des amoncellements de galets dessinent au sol une grande croix vers laquelle, chaque 15 août, des foules viennent en pèlerinage.

Une piste fait le tour de l'île, en passant au pied du fort dont les canons contrôlèrent, à partir du XVIIIe siècle, les passes d'accès à l'estuaire de la Charente qui abritait l'arsenal de Rochefort. La vue porte sur Fouras et Aix dans le nord-ouest. Un peu sur leur gauche, on distingue le fameux fort Boyard, et dans l'ouest l'île d'Oléron. Pour tout dire, surtout si on est arrivé à Madame en passant par Brouage, on se sent ici comme une sentinelle postée au beau milieu de nulle part. Impossible de ne pas songer au *Rivage des Syrtes* ou au *Désert des Tartares*…

10

OLÉRON

EN BAS : le port de la Cotinière, sur la face ouest de l'île, est réservé aux pêcheurs qui y entretiennent une animation très pittoresque.

PAGE DE GAUCHE : avec sa multitude de cabanes colorées, le port ostréicole du Château-d'Oléron – dont il faut absolument visiter la citadelle (en haut) – prend des airs de cité lacustre.

POUR BIEN comprendre les lieux, juste avant de vous engager sur le pont qui relie l'île d'Oléron au continent, arrêtez-vous au Chapus et allez voir le fort. Juste en face, de l'autre côté du Coureau, vous voyez se dresser la citadelle du château d'Oléron. Repérez maintenant dans le lointain l'île Madame : ainsi donc se trouvait verrouillé le détroit qui aurait pu livrer passage à une flotte tentant une attaque audacieuse contre l'arsenal de Rochefort. Audacieuse... parce que la navigation dans le Coureau d'Oléron s'avère particulièrement délicate. Si délicate qu'à l'époque où Napoléon envisagea son évasion de l'île d'Aix, le petit navire qui devait l'emporter aurait emprunté ce passage que les Anglais estimaient impraticable et ne contrôlaient donc pas. Mais s'il paraît dangereux du fait de ses courants puissants et de ses nombreux hauts-fonds, le Coureau débouche sur bien pire : le pertuis de Maumusson, goulet qui sépare la pointe sud d'Oléron et la pointe d'Arvert, sur le continent.

Si vous souhaitez connaître Oléron sous son visage le plus vrai, venez ici en période d'équinoxe, quand les vents d'ouest dominants et la forte houle qui les accompagne lèvent une mer forte. Chaque marée descendante connaît alors des moments d'apocalypse, car les vagues du large s'opposent à l'impétueux courant de jusant alimenté par la vidange de l'estuaire de la Charente ainsi que d'une partie de la baie de La Rochelle. Cette masse d'eau colossale s'engouffre dans un resserrement dont la largeur ne dépasse pas le kilomètre : le courant s'accélère donc encore au moment précis où il rencontre la houle qui roule depuis l'autre côté de l'Atlantique. Cette collision frontale provoque de véritables explosions d'eau qui couvrent le pertuis

La rencontre terrible des courants et de la houle...

Quoique très urbanisée, Oléron a conservé de vastes territoires sauvages, comme les salines où les oiseaux migrateurs font volontiers étapes, et les grandes dunes qui déjà, annoncent la côte de landes.

d'écume et laissent entendre en permanence un grondement de tonnerre. Depuis la pointe de Gatseau, à l'extrême sud de l'île, tout au bout de la Grande Plage, le spectacle est tout simplement hallucinant.

Dès que vous aurez franchi le viaduc – à Oléron, on ne dit jamais « le pont » – tournez à gauche en direction du Grand-Village-Plage et traversez la forêt de Saint-Trojan. La petite route s'arrête pile sur l'Océan, au beau milieu d'une étendue de sable qui s'étend sur huit bons kilomètres : la Grande Plage mérite bien son nom ! En fait, c'est ici que commence la côte des Landes, car ce paysage de dunes dominant une plage sans fin se poursuit jusqu'à la frontière espagnole. D'ailleurs, la pineraie de Saint-Trojan fut plantée pour les mêmes raisons que la forêt landaise : fixer la dune ; l'empêcher de noyer l'île sous des millions de tonnes de sable. Les Oléronnais la plantèrent à partir de la moitié du XIXe siècle, à force de patience, allant récolter eux-mêmes sur le continent des graines de cônes de pins qu'ils mettaient en terre à raison de plus de six tonnes par an !

Grâce à ce travail de fourmi, Oléron a résisté aux vagues. Leur puissance est ici redoutable ainsi qu'en témoignent les spots de surf réputés de Vert-Bois (au nord de la Grande Plage), de La Cotinière et des Seulières (près de Saint-Denis d'Oléron). Mais il y a plus impressionnant encore. Aux grandes marées basses en effet, la mer en se retirant laisse voir les restes d'une épave enterrée dans le sable jusqu'au niveau du pont : le *Presidente Vierra*, petit cargo qui fut jeté à la côte en 1916. En fait, à l'époque de la marine à voiles, Oléron était le cauchemar

de tous les navigateurs qui approchaient ou sortaient de l'estuaire de la Gironde. Les capitaines devaient se méfier autant de la tempête qui les poussait vers le rivage que du calme plat qui les laissait aspirer par les courants de marée montante vers le pertuis de Maumusson. Dès le début du Moyen Âge, avec le développement des transports maritimes, les naufrages sur la côte d'Oléron se multiplièrent. À peine échoué sur la plage, le navire devenait la proie des populations locales qui se ruaient au pillage avant que les vagues n'aient démantibulé la coque. C'est pourquoi, au XIIe siècle, des règles juridiques furent édictées afin de garantir les droits des armateurs et des propriétaires des marchandises transportées. Ainsi naquirent les Rôles d'Oléron, « touchant le fait des mers, des nefs, des maistres, compagnons mariniers et aussi merchants ».

Cette réglementation est généralement attribuée à la reine Aliénor d'Aquitaine qui résidait souvent sur l'île. Mais il semblerait plutôt que la souveraine ait publié une compilation de la jurisprudence locale déjà existante, qui se trouva ainsi adoptée dans toute l'Europe du Nord. Mais qu'importe, il n'en demeure pas moins que les Rôles d'Oléron constituent la base du droit maritime moderne.

Tout cela pourrait contribuer à esquisser le portrait d'une île d'épouvante, ce qui

À Grand-Village, la Maison paysanne de la Coiffe et du Costume oléronnais est un écomusée aménagé dans une ancienne exploitation agricole. On peut y voir aussi une reconstitution d'habitat traditionnel de l'île.

UNE DÉGUSTATION D'HUÎTRES S'ACCOMPAGNE D'UN COLOMBARD, LE PETIT VIN BLANC D'OLÉRON

DOUBLE PAGE PRÉCÉDENTE : les cabines de bains de La Brée-les-Bains, au nord-est de l'île entre la forêt de Boyardville et la pointe de Chassiron.

L'ostréiculture est partout sur l'île, avec de petits ports parfois situés tout au bout de chenaux à plusieurs kilomètres de la mer ; comme c'est le cas à Saint-Trojan.

serait bien sûr ridicule s'agissant d'une terre où poussent vignes et oliviers, orangers et cotonniers. Savez-vous que sur la Grande Plage en été, le sable arrive à être si chaud qu'on n'y marche pas nu-pieds ? À Oléron, dont le climat n'a rien à envier aux rivages méditerranéens, on se trouve déjà dans le vrai Sud enchanteur. Dès lors, on l'a compris, mieux vaut éviter la saison estivale si on aspire à établir une relation intime avec l'île.

Au visiteur inattentif, il pourrait même arriver de traverser les 30 kilomètres que l'île atteint dans sa longueur (Oléron est la deuxième île de France par sa taille, après la Corse) dans un embouteillage ininterrompu, de zones commerciales en lotissements, sans que rien nulle part ne lui évoque même l'existence de la mer ! Aussi, voici une suggestion pour découvrir Oléron dans toute son authenticité. D'abord, renoncez à la voiture, puisqu'il existe un remarquable réseau de pistes cyclables, d'autant plus agréable qu'Oléron est absolument plate. Faites tout pour arriver tôt sur l'île, afin de conserver quelque chance de déambuler sur les quais du superbe petit port de La Cotinière avant qu'il ne soit plus qu'un parking saturé. Ensuite, passez à Saint-Pierre-d'Oléron : d'abord, vous y saluerez la lanterne des morts haute de 25 mètres et contemporaine d'Aliénor d'Aquitaine. Ensuite, si vous avez un faible pour les romans de Pierre Loti, vous vous rendrez en pèlerinage au n° 13 de la rue Pierre-Loti où repose l'écrivain. Enfin, vous visiterez le musée Aliénor-d'Aquitaine qui évoque la vie quotidienne de l'île au cours des siècles.

Il convient ensuite de se rendre à la pointe de Chassiron, tout au nord de l'île, où l'imposante tour du phare veille sur le grand large. Sur la côte à son pied, si la mer n'est pas complètement haute, vous remarquerez des murets ménageant de vastes enceintes en forme de fer à cheval.

Au milieu de Saint-Pierre-d'Oléron, le clocher de l'église Saint-Pierre pointe à 40 mètres de haut. Cette tour octogonale est un amer important, sa plate-forme offrant une vue superbe sur l'île ainsi que les pertuis d'Antioche et de Maumusson.

Quand la mer descend, des poissons y sont retenus tandis que l'eau finit de se vider par des ouvertures dotées de grilles. Il est alors facile pour les propriétaires des « écluses » de capturer les poissons à l'aide de grands haveneaux appelés triolles.

En fait, la partie est d'Oléron, éloignée des plages magnifiques qui se succèdent sur sa façade exposée au grand large, reste la moins fréquentée et se montre donc bien plus attachante. Entre Saint-Pierre et Boyardville, il faut emprunter la toute petite route qui sinue au milieu des claires, ces anciens marais salants dont les bassins accueillent aujourd'hui les huîtres en affinage, qui deviennent ainsi des « fines de claires ». Car Oléron est un des plus prestigieux producteurs de France, l'ostréiculture moderne étant due à une fortune de mer, pour employer l'expression consacrée par le droit maritime. Ainsi, en 1868, un petit cargo à vapeur baptisé *Le Morlaisien* ramenait à Arcachon une cargaison d'huîtres du Portugal. Une mer trop forte l'empêchant d'entrer dans le Bassin, il se réfugia dans l'estuaire de la Gironde. Mais le mauvais temps dura, et le capitaine finit par être contraint de jeter à la mer sa cargaison éminemment périssable. Or, parmi les huîtres abandonnées aux flots, certaines étaient encore vivantes, et elles firent souche ! Entraînées par les courants, certaines se retrouvèrent emportées dans le pertuis de Maumusson. Aujourd'hui, au-dessus de la porte des Pêcheurs au

LE SOUVENIR D'ALIÉNOR D'AQUITAINE ET DE PIERRE LOTI

CI-DESSUS :
haute de 25 mètres, la lanterne des morts de Saint-Pierre d'Oléron (XIIe siècle), a conservé intact le lanternon où autrefois, on faisait brûler une flamme en souvenir des défunts.

PAGE DE DROITE :
la porte de la citadelle de Château-d'Oléron, dont le musée des Soldats de la Nouvelle-France évoque le Canada, l'Acadie et la Louisiane aux XVIIe et XVIIIe siècles.

CI-CONTRE :
typique de l'art roman saintongeais, le portail de l'église de Saint-Georges est finement sculpté de motifs géométriques.

Château-d'Oléron, on peut voir une plaque dédiée par « l'ostréiculture reconnaissante » à Hector-Barthélemy Patoizeau, capitaine du *Morlaisien*.

Boyardville, comme on pouvait s'y attendre, offre un beau coup d'œil sur le célèbre fort Boyard (déjà évoqué à propos de l'île d'Aix). Mais pour voir ce dernier d'un peu plus près encore, le mieux est de se rendre sur la pointe des Saumonards, après avoir traversé la forêt domaniale de Boyardville dont la relative fraîcheur est particulièrement bienvenue dans la touffeur estivale. Quant à Boyardville, cette petite station balnéaire et son port de plaisance entretiennent le souvenir de l'agglomération créée de toutes pièces sous Napoléon, afin d'accueillir les bateaux et les ouvriers qui travaillaient à la construction du fort.

Principal port ostréicole de l'île, Château-d'Oléron en est aussi sans doute le plus sympathique village, d'autant plus attachant qu'il n'attire pas trop les foules ! Au pied de sa citadelle à l'architecture tout à fait caractéristique de Vauban s'étendent les chenaux d'un port ostréicole coloré. Qu'il s'agisse des chalands automoteurs ou des longues barques à fond plat, des cabanes à outils ou des hangars… partout règnent le rouge vif, le bleu d'azur et le vert cru. Avec leurs murs sombres qui font ressortir l'orange des toits de tuiles et les couleurs vives des fenêtres à petits carreaux, les petits bâtiments en bois goudronné composent une pittoresque cité lacustre qui s'anime dès que la marée montante emplit le grand chenal et permet aux embarcations d'entrer au port dans une joyeuse pagaille.

Il va de soi qu'une dégustation d'huîtres s'impose, de préférence dans une de ces petites baraques dont on ne sait trop si elles sont des guinguettes ou des cabanes d'ostréiculteurs. Bien entendu, elles seront accompagnées d'un vin blanc d'Oléron qui peut se vanter de posséder un vignoble aussi remarquable que méconnu.

Îles de Méditerranée

ÎLES D'HYÈRES :
PORQUEROLLES
PORT-CROS
ÎLE DU LEVANT

ÎLES DE LÉRINS :
SAINTE-MARGUERITE
SAINT-HONORAT

Porquerolles

Double page précédente :
vue d'avion, la nudité du fort du Petit Langoustier, à la pointe ouest de Porquerolles, contraste singulièrement avec la luxuriance de la végétation qui recouvre l'île.
Petite photo : sur l'île Sainte-Marguerite, en face de Cannes.

Page de gauche :
derrière l'église de Porquerolles se profilent la presqu'île de Giens et, au-delà, le massif des Maures. Tandis que, sur la place d'Armes, devant l'église, tout le monde joue à la pétanque (en bas à droite).

En haut :
le fort du Petit Langoustier fut édifié pour défendre le passage entre la presqu'île de Giens et Porquerolles.

Comme la vedette ralentit pour entrer dans le port, toute la côte de Porquerolles s'offre au regard. Abritées par des pointes rocheuses, les plages se succèdent au pied d'une masse de verdure qui cascade depuis les hauteurs de l'île jusqu'au sable clair. Sur ses 7 km de long pour 1,5 km de largeur moyenne, la plus grande des îles d'Hyères montre une alternance de crêtes abruptes couvertes de pinèdes et de plaines basses. Pas une seule maison n'apparaît dans cette nature vierge, hormis le village au fond du port. Avec ses voiliers au mouillage, ses palmiers alignés sur le rivage, et la véranda de son yacht-club, Porquerolles prend des airs d'escale antillaise.

En deux pas, nous voici au village où toute la vie de l'île s'organise autour de la place d'Armes, vaste esplanade au pied de l'église, de l'école et du bureau de poste, encadrée par quelques terrasses de café et des commerces. Des retraités disputent une partie de pétanque, des enfants inventent un jeu mystérieux, on respire le silence rare des lieux où la circulation automobile est pour ainsi dire inexistante.

La beauté de l'archipel des îles d'Hyères – qu'on surnomme îles d'Or et qui comprend aussi Port-Cros, Bagaud et l'île du Levant – tient du miracle. La meilleure façon de s'en rendre compte consiste à faire la traversée entre la presqu'île de Giens et Porquerolles à la nuit tombée. Alors que, sur le continent, une myriade de lampadaires balisent des lotissements, les îles ne montrent qu'une masse sombre, sauvage, vierge. Ayant échappé par miracle à la spéculation immobilière, les îles d'Hyères restent aujourd'hui les seuls témoins de

EN DEHORS DU VILLAGE, PLUS UNE HABITATION...

Dès les premiers beaux jours, le port de plaisance de Porquerolles ne désemplit pas. Chaque soir, quand avec le départ du dernier bateau de passagers un calme relatif revient sur la place devant l'église, les équipages envahissent à leur tour les nombreuses terrasses.

ce que la Côte d'Azur fut avant de se laisser noyer sous le béton.

Mieux, parce qu'elle se trouve incluse dans un parc naturel national, Porquerolles fait partie de ces rares endroits où on peut revenir régulièrement sans crainte de trouver les lieux enlaidis par des aménagements touristiques. À chaque visite, on est certain de retrouver le même coup d'œil depuis le bateau qui arrive de la tour Fondue. À droite du port la plage d'Argent, à gauche celle de la Courtade et, cachée par la pointe du Lequin, la plage Notre-Dame qui est la plus belle avec ses couleurs turquoise dont l'équivalent ne se retrouve en aucun autre endroit de la Côte d'Azur, si ce n'est de la Méditerranée tout entière. Pas de goudron, mais seulement des chemins et des sentiers qui se faufilent à travers des reliefs tourmentés. Certes, dès la fin du printemps, les plages sont chaque jour bondées. Mais la partie sud de l'île, avec sa falaise haute d'une centaine de mètres et découpée en calanques, est toujours désertique et sauvage.

Pour mesurer le bonheur exceptionnel que représente un séjour, aussi court soit-il, sur Porquerolles, il faut monter assister au lever du soleil depuis la grande terrasse où se dresse le phare, à la pointe sud de l'île. Il est surnaturel, cet instant précis où la forêt soudain s'éclaire d'un vert luminescent, tandis qu'à la pointe de l'Oustau de Dieu, les falaises éclatent d'une blancheur de neige. À l'autre bout de l'île, s'illuminent ensuite la tache blanche du sémaphore et celle, dorée, de l'ancien fort de la Repentance. Tandis que sous la tiédeur des premiers rayons du soleil, un parfum balsamique monte des pins d'Alep et des eucalyptus.

Par quel miracle Porquerolles a-t-elle pu conserver sa virginité originelle ? Pour être exact, il faut plutôt se demander comment la nature sauvage y a été juste assez domestiquée pour transformer les lieux en un second paradis terrestre. L'histoire remonte à 1912, quand l'île se trouva mise en vente. Un certain François-Joseph Fournier s'en porta acquéreur pour l'équivalent de 2,5 millions d'euros. Cet homme de 55 ans appartenait à la légende des self-made-men que le Nouveau Monde révéla dans les dernières années du XIXe siècle. Fils d'un misérable batelier belge, Fournier avait quitté l'Europe les poches vides, avec pour seul bagage intellectuel les cours du soir gratuits à l'époque dispensés par les Arts et Métiers. Il s'affirma comme chef de chantier sur la voie ferrée du Canadian Pacific à travers les montagnes Rocheuses. De là, il se rendit à Panamá où se creusait le fameux canal, puis au Mexique où il devint chercheur d'or. Des compétences minéralogiques patiemment acquises lui permettent de découvrir un filon inépuisable. Au début du siècle, sa mine de Dos Estrellas était connue dans le monde entier !

On débarque dans le port au pied du fort Sainte-Agathe : le village est alors à deux pas sur la droite, mais la plupart des visiteurs tournent tout de suite à gauche : la plage de la Courtade se trouve à quelques centaines de mètres seulement.

On a peine à croire que François-Joseph Fournier acquit Porquerolles pour en faire cadeau à sa jeune épouse, Sylvia Johnston-Lavis, de trente ans sa cadette. La vérité est pourtant que Sylvia était une passionnée d'îles : son père, médecin et vulcanologue, l'avait emmenée en visiter un certain nombre, de la Méditerranée à l'Islande ! Beaucoup ont pensé que Fournier, après une existence rude et parfois brutale sur le continent américain, voulait se refaire ici une nouvelle vie socialement plus acceptable. Pourtant, en devenant propriétaire de Porquerolles, le milliardaire voulait rééditer une expérience auparavant tentée au Mexique et qu'on connaît beaucoup moins que sa mine : un grand domaine agricole qui constituait en lui-même une microsociété idéale. Ce n'est pas parce que François-Joseph Fournier devait sa fortune à l'or qu'il faudrait voir en lui un aventurier louche. Le personnage évoquerait plutôt les idéalistes comme Charles Fourier ou Proudhon… mais la naïveté en moins. Sous son autorité de pionnier, l'île de Porquerolles devint un immense jardin agricole où il planta des vignes, des arbres fruitiers, des champs de céréales… Il éleva même des moutons, tant et si bien que le domaine se trouva capable de subvenir à ses propres besoins alimentaires. Toute une population d'ouvriers agricoles et de techniciens s'installa sur l'île : il y fit travailler jusqu'à deux cents personnes, tandis qu'au fil des ans, Sylvia lui donnait sept enfants.

Aujourd'hui, certains jugent sévèrement le comportement paternaliste de François-Joseph Fournier… Parce qu'il avait offert

Son statut de parc naturel protège ce paradis.

En haut : le fort des Mèdes domine la baie de l'Alycastre et la rade d'Hyères ; c'est le plus beau site pour assister au coucher du soleil sur Porquerolles.

En bas : à l'ombre des eucalyptus, sur la piste qui conduit à la plage d'Argent.

Page de droite : un sentier de randonnée longe les falaises de la côte sud de Porquerolles, de part et d'autre du phare.

des jardins potagers à ses employés et les avait inscrits à une caisse mutuelle de prévoyance ? Qu'importe, l'important est que lorsque François-Joseph Fournier décéda, en 1935, ses héritiers surent résister aux sirènes de l'immobilier. Et, en 1971, ils vendirent la plus grande partie de l'île à l'État, à charge pour lui de la confier au parc naturel national de Port-Cros qui existait déjà (nous verrons plus loin à la suite de quelles circonstances, elles aussi miraculeuses).

Qu'on ne s'y trompe cependant pas : Porquerolles vit sous plusieurs menaces permanentes. La première est l'incendie, le risque paraissant si avéré que l'île est déclarée « non-fumeur » en dehors du village. Dès les beaux jours, quand souffle le mistral, une partie des chemins qui traversent l'intérieur de l'île est même interdite d'accès. Non par crainte des pyromanes, mais parce que surpris par un départ d'incendie sur un de ces chemins, on aurait toutes les chances de se retrouver cerné par les flammes avant d'avoir seulement pris conscience du danger !

S'y ajoute un problème plus insidieux : la pollution marine qui se fait ressentir jusque loin à l'intérieur de l'île. En regardant certains pins, on constate en effet que leur face tournée vers la mer est toute grise. En effet, par mauvais temps, le vent entraîne

Porquerolles inspira Simenon pour « Mon Ami Maigret ».

les poussières d'embruns très loin à l'intérieur des terres. Or, elles sont chargées d'hydrocarbures, lesquels dissolvent la fine couche de cire qui recouvre les feuilles des plantes littorales. Et ces dernières en meurent ! Le parc s'est donc attaché à découvrir des espèces de plantes résistant à ce type d'agression, et qui pourraient être plantées pour faire bouclier.

On le voit, Porquerolles est bien protégée et résiste. Peut-être même est-elle aujourd'hui la dernière terre authentiquement méditerranéenne ? Son conservatoire botanique collectionne en effet des espèces d'amandiers, de mûriers, de lauriers-roses, d'abricotiers, de pêchers, aujourd'hui disparues des cultures... Sans oublier les 154 variétés de figuiers, ni les 41 d'oliviers : les vrais amateurs d'huile d'olive se plairont à imaginer quelle extraordinaire étude comparative on pourrait mener ici. La grande fierté du Conservatoire est d'avoir produit, in vitro, des dattiers afin de replanter les palmeraies d'Afrique du Nord et du Moyen-Orient, atteintes de maladies.

S'il revenait sur terre, François-Joseph Fournier ne serait pas déçu par son île ! Il serait même surpris d'y rencontrer un idéaliste de son espèce : le propriétaire de la plaine de la Courtade qui donna carte blanche à un jeune vigneron chargé de créer sur Porquerolles un cru d'exception. Celui-ci choisit de tirer le meilleur de vieux cépages provençaux, le mourvèdre et le rolle, difficiles à cultiver parce que inconstants mais capables aussi de donner des vins fabuleux. À l'image de Porquerolles...

Double page précédente : on arrive toujours à se trouver un petit coin de plage tranquille entre la pointe du Grand Langoustier et la plage d'Argent, au nord-ouest de l'île. La baie du Langoustier, à l'ouest de Porquerolles, est un mouillage très recherché par les plaisanciers.

À droite : au nord est de l'île, les plages de la Courtade et de Notre-Dame sont les plus disputées de Porquerolles.

Port-Cros

Page de gauche : la côte nord de Port-Cros ; la plage de la Palud bordée d'un maquis dense et parfumé.

Ci-dessus : la rade et le bourg de Port-Cros où sont regroupées les seules habitations de l'île.

En bas : les lignes typiques des « pointus » utilisés par les pêcheurs méditerranéens.

Que la plus petite des îles d'Hyères ait suscité la création d'un parc naturel national donne à imaginer son exceptionnelle beauté sauvage. Entre 1921 et 1963, Port-Cros et Bagaud, l'îlot voisin, furent la propriété d'un notaire d'Hyères : Marcel Henry et son épouse Marcelline, amoureux passionnés de cette villégiature où ils aimaient faire bénéficier de leur hospitalité le monde des lettres. À Port-Cros séjournèrent Saint-John Perse, Supervielle, Paulhan, Henri Bordeaux... Mais dans les années d'après-guerre, les époux Henry subirent les pressions conjointes de promoteurs immobiliers ainsi que de la Marine nationale qui possédait déjà l'île du Levant. Afin d'assurer la pérennité de cet authentique paradis, ils choisirent donc de faire don de leur propriété à l'État, à la condition que ce dernier garantisse la sauvegarde des lieux. Port-Cros devint ainsi le deuxième parc naturel national français (après la Vanoise, dans les Alpes du Nord), avec cette particularité qu'il s'attacha à protéger aussi bien les îles que les fonds sous-marins des alentours.

Avec le recul des ans, cette orientation apparaît comme extraordinaire car, à l'époque, seuls de rares scientifiques avaient pris conscience de la lente dégénérescence de la Méditerranée. Aujourd'hui, on peut l'affirmer, la création du parc sous-marin de Port-Cros – le premier en Europe – est l'œuvre de visionnaires éclairés. Mais on imagine le choc ressenti par les pêcheurs qui, depuis des générations, mouillaient leurs filets autour de l'île, quand une réglementation stricte limita leurs prises. Et par les plaisanciers sidérés de se voir interdire certains mouillages au motif que leurs ancres détruisaient les posidonies, ces prairies sous-marines qui servent d'habitat à nombre d'espèces animales. Quant aux

CI-DESSUS : émergeant des roseaux au fond du mouillage de Port-cros, cette maisonnette rappelle l'adage : « Pour vivre heureux, vivons cachés. »

CI-DESSOUS : entre le fort, les maisons colorées et les palmiers, la rade de Port-Cros apparaît aussi irréelle qu'un décor de cinéma. Et pourtant…

PAGE DE DROITE : à la pointe sud-ouest de l'île, la côte est assez basse pour laisser les marcheurs accéder à des criques tranquilles.

plongeurs, ils durent purement et simplement renoncer à la chasse.

Au bout de quelques années toutefois, en voyant les fonds retrouver une faune et une flore exceptionnelles, tous les gens de mer s'accordèrent à reconnaître que ces contraintes s'étaient montrées salutaires. Il ne faisait aucun doute que la réglementation de la pêche avait redonné vigueur à des espèces menacées de disparition… et en définitive sauvé le travail des pêcheurs artisanaux. Limiter les possibilités de mouillage avait par ailleurs montré que les plaisanciers pouvaient nuire à la vie marine sans même s'en rendre compte. Tout simplement parce que les peintures antialgues de leurs coques massacraient les coquillages par empoisonnement ; depuis, ce type de peinture a été remplacé.

Aujourd'hui, le parc sous-marin de Port-Cros constitue le dernier sanctuaire de la Méditerranée, ainsi que tout visiteur peut s'en rendre compte, à la simple condition de savoir nager avec palmes, masque et tuba. En effet, un sentier sous-marin a été balisé en travers de la baie de la Palud, sur la côte nord de l'île. Long de 300 mètres et jalonné de 10 stations d'observation, il permet au nageur de découvrir l'immense richesse des fonds. Surtout s'il a emporté la plaquette imprimée sur support étanche qui lui donne toutes les informations nécessaires sur la faune et la flore rencontrées pendant sa randonnée aquatique.

Faut-il le préciser ? La beauté de l'île elle-même est à l'image de la splendeur de ses fonds sous-marins. Et comme Port-Cros est plutôt petite avec ses 4,5 km de long pour 2 de large, on peut en prendre facilement la mesure dès le débarquement dans le port miniature. En montant directement à l'écomusée aménagé dans le fort de l'Estissac, on apprendra par exemple que 220 espèces différentes de papillons ont été recensées sur l'île ! Depuis l'Estissac, plusieurs possibilités

UN RÉSUMÉ PARFAIT DE LA FAUNE ET DE LA FLORE MÉDITERRANÉENNES.

s'offrent au visiteur. Est-il sportif et désireux de découvrir toute l'île ? Excellente idée ! Mais il faut y consacrer une journée entière et de préférence hors saison. Car aux plus chaudes heures du jour, se tenir à l'ombre est parfois une question de sécurité !

Pour une découverte de l'île plus tranquille, on peut procéder comme suit. Du fort, on commence par rejoindre la baie de la Palud par le sentier des Plantes que parfument toutes les essences du maquis méditerranéen. Après avoir expérimenté le sentier sous-marin, toujours par le sentier des Plantes, on remontera le Vallon Noir qui revient vers le port en passant par le fort de l'Éminence.

L'inconvénient de cette balade pourtant magnifique est qu'elle ne passe pas par la baie de Port-Man, une des plus belles de toute la côte méditerranéenne ! On ne regrettera donc pas, depuis la baie de la Palud, de poursuivre par le chemin qui domine la côte nord de Port-Cros. Il conduit à la pointe de la Galère et à la très sauvage Calanque longue où la vue s'ouvre sur l'île du Levant, avant d'aboutir à Port-Man. Suivre alors la piste pour Port-Cros jusqu'au carrefour du col des Quatre-Chemins. Est-on encore plein d'énergie ? En ce cas, on fera le grand tour complet de l'île en prenant à gauche vers le fortin de la Vigie et le point d'atterrissage d'hélicoptère qui offrent un panorama grandiose sur l'ensemble des îles d'Hyères et la côte varoise.

Un sentier dit circuit des Crêtes longe donc les côtes sud puis l'ouest de l'île, jusqu'à la rade de Port-Cros. Mais si on commence à ressentir les effets conjugués de la marche et de la chaleur, un sentier descend droit au village par le très romantique Vallon de la Solitude. Et on remarque alors que le nombre ainsi que la variété de ses chemins balisés et faciles à suivre ne sont pas le moindre des charmes de Port-Cros !

DOUBLE PAGE PRÉCÉDENTE : la rade de Port-Cros, une escale idyllique...

EN HAUT : sur le sentier de randonnée qui longe la côte sud de l'île. L'été, la chaleur y est insoutenable.

EN BAS : le fort de l'Estissac, sur le sentier des Plantes où on découvre le myrte, le ciste, l'arbousier...

PAGE DE DROITE : jaillissant du maquis, le fort du moulin embaume les senteurs d'une riche végétation. Sur ses remparts poussent même de l'armoise arborescente.

ÎLE DU LEVANT

Aménagée en réserve naturelle volontaire, la partie civile de l'île du Levant est demeurée pratiquement intacte : le chemin de la Corniche (à gauche) notamment, y est un véritable enchantement au printemps. Ici, on apprend à vivre au calme, loin de tout, de telle sorte qu'un simple changement de la direction du vent, annoncé par la sculpture poisson, apparaît comme un événement notable.

La lecture d'une carte peut se révéler bien trompeuse. Ainsi, l'île du Levant, longue de 8 km pour 1,5 km de large, avec ses hameaux du Grand Avis et de la Madone au-delà du village d'Héliopolis, laisserait envisager de superbes balades vers des criques et calanques magiques. Rien que les noms déjà… Hélas, les neuf dixièmes de l'île appartiennent à la Marine nationale ; seuls les alentours immédiats d'Héliopolis sont autorisés. Au-delà commence une zone militaire ultrasecrète où sont testés des missiles et autres armements de pointe. La question ne manque pas de se poser : est-il bien normal qu'un site naturel aussi splendide que la troisième des îles d'Hyères (dont il faut se souvenir qu'on les appelle souvent îles d'Or) se trouve ainsi réservé à un usage guerrier ? Mais il faut savoir qu'à très proche distance du Levant se trouvent des fonds sous-marins dépassant les 2 000 mètres, qui autorisent des recherches qu'aucun autre littoral européen n'autoriserait. On se contentera donc d'un séjour à Héliopolis.

Héliopolis… la Cité du Soleil, tout un programme ! L'histoire de ce haut lieu du naturisme mérite d'être connue car, contrairement à ce que l'on pense habituellement, il n'est pas une conséquence de la mode née sur les plages de Saint-Tropez à l'époque où la jeune Brigitte Bardot révéla sa plastique parfaite dans le film *Et Dieu créa la femme*. Le nudisme se pratique ici depuis les années 30. Il est vrai qu'à l'époque, l'île du Levant était un simple élément avancé de la défense de Toulon et non un centre de recherches secrètes. En créant Héliopolis, les frères Durville ne faisaient que donner

Sur les sentiers de la Méditerranée éternelle.

une application aux théories de leur père Hector qui professait une philosophie selon laquelle un retour total à la nature constituait « le seul moyen de sauver l'homme de la dégénérescence ». Adepte ou non du naturisme, tout le monde peut débarquer à Héliopolis. En revanche, vers le domaine des Arbousiers et la plage de la Galère, ce sont les vêtements qui choquent !

Pour être sincère, à Héliopolis le retour absolu à la nature ne va guère plus loin que le nudisme. On s'en rend compte en montant du port au village par le chemin de la Perspective qui attaque droit la pente très raide, ou par celui du val de l'Aygade, moins épuisant parce qu'il fait un détour. Sur les deux itinéraires, on longe en effet de coquettes villas aux jardins enchanteurs où les plantes exotiques poussent à profusion. Mieux, on découvre de petits hôtels où on se verrait bien résider hors saison pour un séjour confortable, loin du monde.

C'est sans aucun doute en fin de printemps qu'il faut séjourner sur l'île du Levant : les petits hôtels de charme d'Héliopolis sont déjà ouverts, et la floraison du maquis est à son apothéose : dans l'air embaumé de myrte, l'œil se régale des fleurs blanches du ciste et des boules orangées des arbousiers.

ÎLES DE LÉRINS

Sainte-Marguerite est la plus grande des deux îles : on y voit quelques maisons autour du fort, ce dernier offrant un panorama grandiose sur le golfe de La Napoule, la baie de Cannes et le Golfe-Juan.

JUSTE EN FACE de Cannes la frénétique, à tout juste plus d'un kilomètre de la Croisette et en vue de la promenade des Anglais, les îles de Lérins offrent un havre de paix inattendu. Même si, à longueur d'été, ce sont des dizaines de bateaux de plaisance qui viennent passer la journée entre Sainte-Marguerite et Saint-Honorat, ces terres respirent le calme. N'y trouve-t-on pas un monastère ?

Parmi ces plaisanciers, assez peu sans doute ont conscience qu'en jetant leur ancre sur le plateau du Grand Jardin, le haut-fond qui sépare les deux îles, ils imitent les caboteurs grecs puis romains qui, dès le Ve siècle avant J.-C., fréquentaient ce mouillage si bien abrité. Dans le musée de la Mer installé dans le fort Royal, lui-même situé sur la rive nord de Sainte-Marguerite, une belle collection d'amphores trouvées autour des îles

LE LIEU RÊVÉ POUR UNE VIE CONTEMPLATIVE.

DOUBLE PAGE PRÉCÉDENTE : l'étang du Batéguier, à l'extrémité ouest de l'île Sainte-Marguerite.

CI-DESSOUS : l'allée des Eucalyptus sur l'île Saint-Honorat.

CI-CONTRE ET EN BAS À DROITE : la majestueuse abbaye de Lérins, sur Saint-Honorat.

PAGE DE DROITE : comme posé sur la mer, le monastère fortifié de Saint-Honorat.

témoignent de l'intensité du commerce dans la Méditerranée antique. De l'Afrique du Nord aussi bien que du Levant, de partout les marchandises convergeaient vers les comptoirs échelonnés sur la côte.

C'est dans ce même fort Royal que fut détenu, à partir de 1687, celui qu'on a appelé le Masque de fer. Personne aujourd'hui ne peut affirmer de quel terrible secret d'État ce personnage pouvait être le détenteur, pour que ses geôliers eux-mêmes n'eussent pas le droit de connaître son visage.

Les navettes desservant Sainte-Marguerite viennent de Cannes, Théoule, La Napoule, Golfe-Juan ou Juan-les-Pins. Un sentier côtier permet de faire le tour de l'île en deux petites heures puisqu'elle atteint dans ses plus grandes dimensions 3 km sur 1, et que son littoral ne présente aucun escarpement. On découvrira de la sorte une magnifique plantation de pins d'Alep, et on appréciera l'allée bordée d'eucalyptus qui conduit au domaine – privé – du Grand Jardin.

Sur Saint-Honorat, à laquelle on accède par une navette directe partant de Cannes, on respire une atmosphère différente. D'abord parce qu'elle est bien plus petite

(1,5 km de long pour 400 mètres de large) et surtout parce qu'elle est occupée par l'abbaye de Lérins. Faut-il le préciser aux visiteurs ? Une attitude respectueuse s'impose vis-à-vis de la communauté monacale qui y vit selon la stricte règle de saint Benoît. Se sentant menacé par la pression touristique, le monastère a tenté de limiter l'accès à Saint-Honorat. Si la justice ne l'a pas entendu ainsi, aux visiteurs de respecter le silence des lieux.

Par le sentier côtier qui fait le tour de l'île, on rend successivement visite à sept chapelles, on découvre le vieux monastère-forteresse – voir absolument sa cour centrale, qui apparaît comme un cloître à étage – et la nouvelle abbaye de Lérins. Mais il faut aussi s'engager à l'intérieur de l'île. On longe alors des vignes, des champs de plantes aromatiques et de lavande, des orangeraies… Et on se prend à rêver pour soi-même d'une vie contemplative.

ÎLES DE NORMANDIE

CHAUSEY P. 10

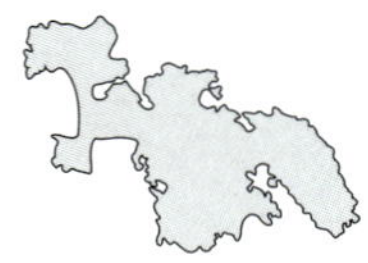

- **Habitants :** les Chausiais.
- **Dimensions de Grande-Île :** 1,5 km sur 750 m.
- **Le phare :** Chausey-Grande-Île
- Accès depuis Granville et Saint-Malo.
- **Hébergement :** Hôtel du Fort et des Îles, gîtes ruraux.

MONT SAINT-MICHEL P. 20

- **Habitants :** les Montois.
- **Dimensions :** 280 sur 200 m. (Tombelaine : 300 sur 150 m.)
- **À visiter :** l'abbaye, le musée historique.
- **Accès** à pied depuis le bec d'Andaine (commune de Genêts) ; par la route depuis Pontorson.
- **Hébergement :** plusieurs hôtels.

ÎLES DE BRETAGNE

BRÉHAT P. 30

- **Habitants :** les Bréhatins.
- **Dimensions :** 3,5 sur 1,5 km.
- **Les phares :** Le Paon à l'extrême nord de l'île, et Rosedo au nord-ouest.
- **À visiter :** ateliers de céramique et de verrerie.
- **Accès** depuis la pointe de l'Arcouest (5 km de Paimpol).
- **Hébergement :** Hôtel Bellevue et chambres d'hôtes.

BATZ P. 42

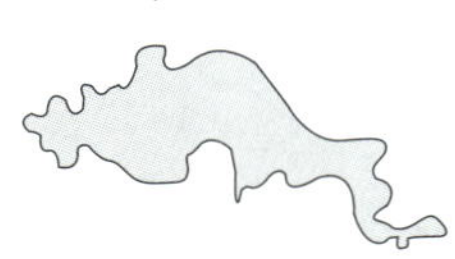

- **Habitants :** les Batziens.
- **Dimensions :** 4 sur 1 km.
- **Le phare :** île de Batz .
- **À visiter :** le jardin exotique Georges-Delaselle (dit Jardin colonial), le phare.
- **Accès** depuis Roscoff.
- **Hébergement :** deux hôtels et chambres d'hôtes.

OUESSANT P. 54

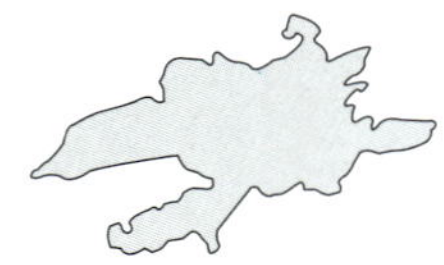

- **Habitants :** les Ouessantins.
- **Dimensions :** 8 sur 3,5 km.
- **Les phares sur Ouessant :** Le Stiff au nord-est de l'île, et Créac'h au nord-ouest. Les phares au large : An-Ividig devant la pointe de Pern, La Jument et Kéréon, au sud de l'île, balisant le passage du Fromveur.
- **À visiter :** le musée des Phares et Balises (phare de Créac'h), écomusée d'Ouessant (à Niou Uhella), phare du Stiff
- **Accès** en bateau depuis Brest, Le Conquet, Camaret et Lanildut. En avion depuis Brest-Guipavas.
- **Hébergement :** plusieurs hôtels et chambres d'hôtes.

MOLÈNE P. 65

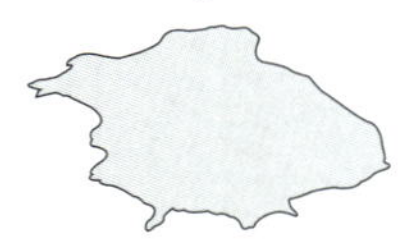

- **Habitants :** les Molénais.
- **Dimensions :** 1,2 km sur 800 m.
- **Phares :** phare de l'Ancien môle (au bout du vieux quai) et des Trois-Pierres (sur un rocher au nord-est de Molène).
- **À visiter :** musée du Drummond Castle.
- **Accès depuis :** Brest, Le Conquet et Camaret.
- **Hébergement :** hôtel Kastell An Daol et chambres chez l'habitant.

SEIN P. 71

- **Habitants :** les Sénans.
- **Dimensions :** 3 km sur ... quelques dizaines de mètres.
- **Les phares :** le Grand Phare au nord-ouest de l'île, Ar-Gueveur sur la côte sud, Men Brial dans le port.
- **À visiter :** musée des Arts et traditions populaires.
- **Accès** depuis Audierne .
- **Hébergement :** deux hôtels et chambres d'hôtes.

GROIX P. 81

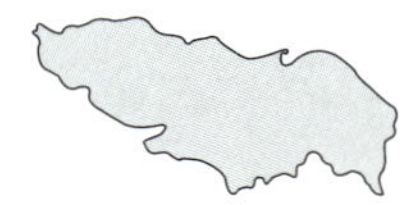

- **Habitants :** les Grésillons.
- **Dimensions :** 8 sur 2,5 km.
- **Les phares :** Pen-Men au nord-ouest de l'île, La Croix et pointe des Chats à l'est.
- **À visiter :** l'écomusée de Groix (à Port-Tudy).
- **Accès** depuis Lorient.
- **Hébergement :** plusieurs hôtels et chambres d'hôtes.

BELLE-ÎLE P. 87

- **Habitants :** les Bellilois.
- **Dimensions :** 17 sur 9 km.
- **Les phares :** Goulphar (dit le Grand Phare) au sud-ouest de l'île, Les Poulains (au nord de l'île), Kerdonis (au sud-est).
- **À visiter :** la citadelle et le musée du Palais, le phare de Goulphar.
- **Accès** par Le Palais (depuis Lorient, Quiberon, La Trinité-sur-Mer, Auray, Vannes, Port-Navalo, la Turballe) et par Sauzon (depuis Lorient et Quiberon) .
- **Hébergement :** nombreux hôtels et chambres d'hôtes.

HOUAT P. 99

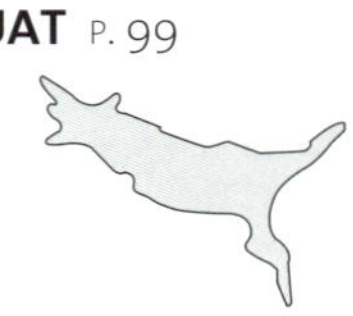

- **Habitants :** les Houatais.
- **Dimensions :** 4 sur 1 km.
- **Les phares :** port de Saint-Gildas.
- **À visiter :** le fort, l'Eclosarium (consacré à la vie sous-marine microscopique)
- **Accès** depuis Quiberon, Vannes, Port-Navalo.
- **Hébergement :** deux hôtels et chambres d'hôtes.

HOËDIC P. 99

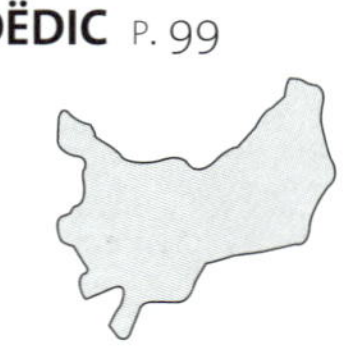

- **Habitants :** les Hoëdicais.

- **Dimensions** : 2,5 sur 2 km .
- **Les phares :** Port d'Argol.
- **Accès** depuis Quiberon, Vannes, Port-Navalo et La Turballe.
- **Hébergement :** Hôtel Les Cardinaux.

GOLFE DU MORBIHAN

ÎLE AUX MOINES P. 103

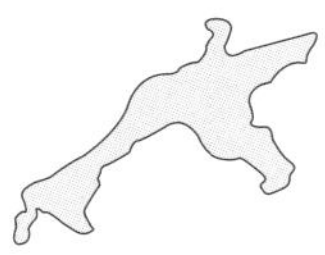

- **Habitants :** les Îlois.
- **Dimensions :** 5,5 sur 3 km.
- **Accès** depuis Port-Blanc.
- **Hébergement :** plusieurs hôtels et chambres d'hôtes.

ARZ P. 103

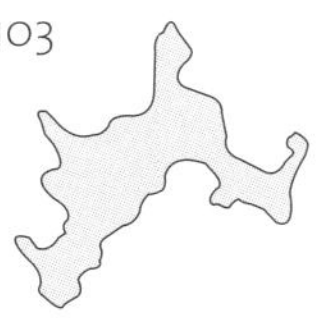

- **Habitants :** les Iledarais.
- **Dimensions :** 3,5 sur 1 km.
- **Accès** depuis Conleau (au sud de Vannes).
- **Hébergement :** hôtel L'Escale en Arz et chambres d'hôtes.

ÎLE DE GAVRINIS

- Pour la visite du tumulus, on embarque à Larmor-Baden.

ÎLE DE BERDER

- Accès à marée basse depuis Larmor-Baden.

◦ ÎLES DE VENDÉE

NOIRMOUTIER P. 111

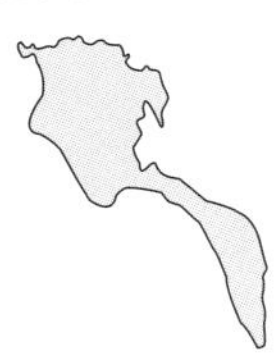

- **Habitants :** les Noirmoutrins.
- **Dimensions :** 18 sur 5 km
- **Les phares :** port de l'Herbaudière au nord-ouest de l'île, pointe des Dames à l'est.
- **À visiter** (à Noirmoutier-en-l'Île) : le château-musée, le musée de la Construction navale, le musée des Traditions de l'île, la Maison du sel.
- **Accès :** en bateau par le Bois de la Chaise depuis Pornic ; par la route *via* le pont depuis La Barre-de-Monts ; par la route à marée basse *via* la chaussée submersible du Gois depuis Beauvoir-sur-Mer.
- **Hébergement :** nombreux hôtels et chambres d'hôtes.

YEU P. 119

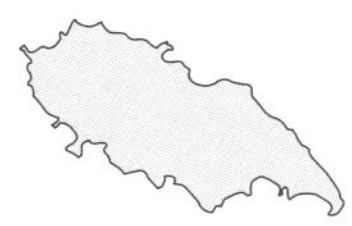

- **Habitants :** les Ogiens.
- **Dimensions :** 10 sur 3,5 km.
- **Les phares :** la Petite Foule (dit aussi Le Grand Phare) au nord-ouest de l'île, la pointe des Corbeaux au sud-est de l'île.
- **À visiter :** le musée de la Pêche et du Sauvetage en mer (à Port-Joinville sur le quai). Le Vieux-Château sur la Côte sauvage.
- **Accès** depuis Fromentine, Noirmoutier, Saint-Gilles-Croix-de-Vie et Les Sables-d'Olonne.
- **Hébergement :** nombreux hôtels et chambres d'hôtes.

◦ ÎLES DES CHARENTES

RÉ P. 131

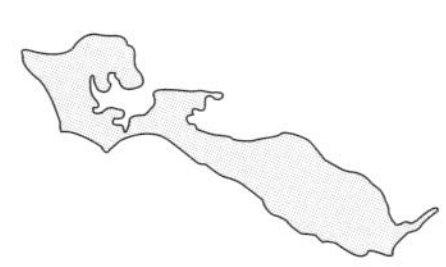

- **Habitants :** les Rétais.
- **Dimensions :** 24 sur 4 km
- **Les phares :** Les Baleines (et les Baleineaux) à la pointe nord-ouest de l'île, le Grouin du Cou sur la côte nord, Chauveau à la pointe sud-est.
- **À visiter :** À Saint-Martin-de-Ré : les remparts, le musée, l'hôtel de Clairjotte (demeure Renaissance) ; à Loix, l'écomusée du Marais salant ; à Saint-Clément-des-Baleines : le phare des baleines et l'Arche de Noé (ensemble de petits musées et zoo).
- **Accès** depuis La Rochelle par un pont.
- **Hébergement :** nombreux hôtels et chambres d'hôtes.

AIX P. 147

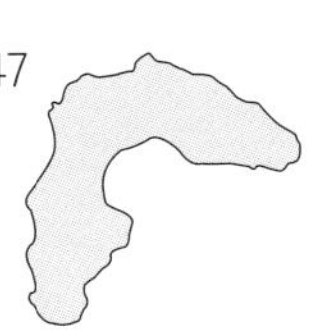

- **Habitants :** les Aixois.
- **Dimensions :** 2 sur 1 km.
- **Les phares :** île d'Aix.
- **À visiter :** le musée Napoléon, le musée Africain.
- **Accès** depuis Fouras, La Pallice, Salbalnceaux (île de Ré), Boyardville (île d'Oléron).
- **Hébergement :** Hôtel Napoléon et des Bains Réunis.

MADAME P. 155

- **Dimensions :** 1,4 sur 1 km.
- **Accès** à marée basse par la passe des Bœufs depuis Port-des-Barques.
- **Hébergement :** néant.

OLÉRON P. 159

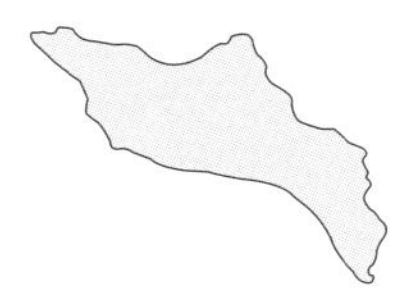

- **Habitants :** les Oléronais.
- **Dimensions :** 30 par 8 km.
- **Les phares :** Chassiron à la pointe nord de l'île, plus les petits phares à l'entrée des ports.
- **À visiter :** La Citadelle à Château-d'oléron, l'écomusée du Marais salant au Port des Salines (près de Saint-Trojan), la maison de la Coiffe et du Costume oléronnais à Grand-Village, le musée Aliénor-d'Aquitaine à Saint-Pierre-d'Oléron, le marais aux oiseaux (parc animalier) de Dolus.
- **Accès** depuis Bourcefranc-le-Chapus par un pont.
- **Hébergement :** nombreux hôtels et chambres d'hôtes.

◦ ÎLES DE MÉDITERRANÉE

PORQUEROLLES P. 171

- **Habitants :** les Porquerollais.
- **Dimensions :** 7 par 2 km.
- **Phare :** l'Oustaou-de-Diou sur la côte sud.
- **À visiter :** le fort de Sainte-Agathe, le conservatoire botanique du hameau agricole.
- **Accès** depuis La Tour Fondue (presqu'île de Giens), Toulon, Hyères, La Londe (Miramar), Le Lavandou, Cavalaire.
- **Hébergement :** plusieurs hôtels sur l'île.

PORT-CROS P. 181

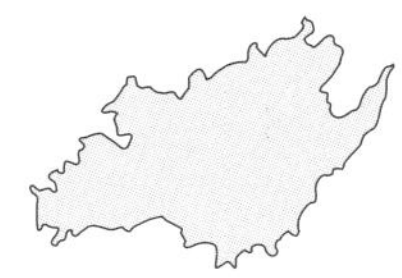

- **Dimensions :** 4,5 par 2 km.
- **À visiter :** le fort de l'Estissac et le Sentier des plantes.
- **Accès** depuis Le Lavandou et Hyères.
- **Hébergement :** hôtel La Maison du Port.

ÎLE DU LEVANT P. 189

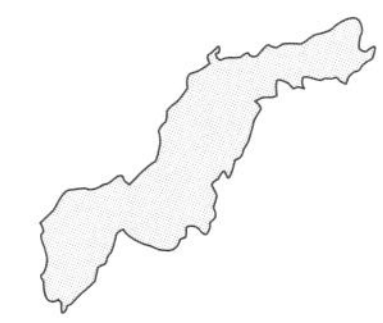

- **Habitants :** les Levantains.
- **Dimensions :** 8 par 1 km.
- **Accès depuis :** Hyères, Le Lavandou, Cavalaire, Saint-Tropez.
- **Hébergement :** plusieurs hôtels sur l'île.

ÎLES DE LÉRINS

SAINTE-MARGUERITE P. 193

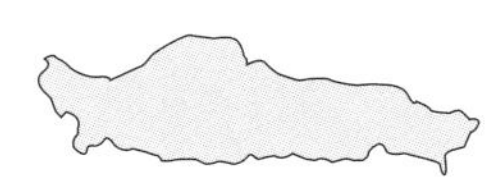

- **Dimensions :** 2,5 km par 600 m.
- **À visiter :** le fort Royal, le sentier botanique.
- **Accès** depuis Cannes (vieux port).
- **Hébergement :** néant.

SAINT-HONORAT P. 193

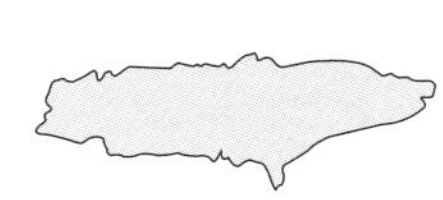

- **Dimensions :** 1,5 km par 300 m.
- **À visiter :** le monastère-forteresse.
- **Accès** depuis Cannes (vieux port).
- **Hébergement :** néant.

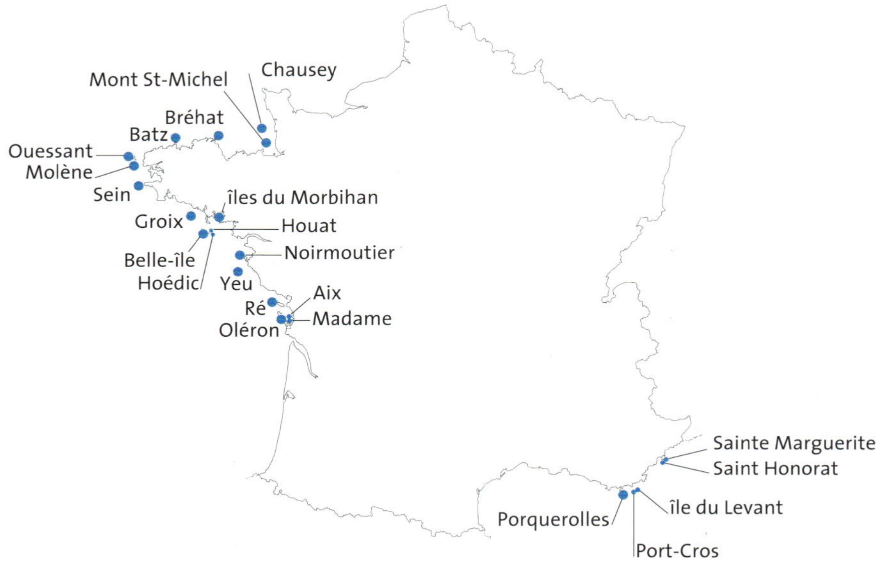

GLOSSAIRE

A

Agrès - Pièce de l'équipement d'un bateau : aviron, mât, poulie, ancre…
Aiguade - Lieu où un bateau peut se ravitailler en eau douce.
Amer - Point remarquable situé sur la côte et servant de repère aux marins : phare, tour, clocher d'église…
Aviso - Petit navire de guerre affecté à des tâches de surveillance, patrouille, hydrographie…

B

Bag an noz - En breton : « barque de la nuit » : bateau fantôme dans certaines légendes d'Armorique.
Bief - Retenue d'eau d'un moulin.
Brisant - Vague déferlante (synonyme de rouleau), ou bien récif sur lequel déferlent les vagues.

C

Caboteur - Petit navire de commerce pratiquant de courtes traversées en s'éloignant peu des côtes.
Carrelet - Filet de forme carrée, déployé sur une armature elle-même reliée à un câble qui permet de le jeter à l'eau et de le remonter depuis un quai ou une plate-forme montée sur pilotis.
Caseyeur - Bateau pratiquant la pêche aux crustacés à l'aide de casiers.
Chenal - Passage dégagé et où l'eau est plus profonde, dans une zone peu profonde ou encombrée de dangers.

E

Estran - Zone laissée à découvert par la marée descendante.
Étier - Bras de mer s'enfonçant très loin dans une zone marécageuse qui se trouve de la sorte noyée lors de certaines grandes marées.
Étrave - Partie avant du navire, et plus précisément celle qui fend l'eau.

F

Fjord - Vallée étroite et profonde, par laquelle la mer entre loin à l'intérieur des terres.

G

Germon - Thon blanc pêché dans le golfe de Gascogne : long d'un mètre en moyenne et à dos bleu marine
Goémon - Type d'algues de couleurs brune, rouge ou verte, qui s'accrochent aux rochers.
Grève - En Bretagne, elle se différencie d'une plage parce qu'elle est couverte de galets ou de vase.

H

Haveneau - Épuisette à filet très large, servant à pêcher la crevette.

L

Lises - Zone de sable mou voire mouvant dans lequel on peut s'enliser.

N

Nordet - Terme employé par les marins pour désigner le Nord-Est.
Noroît - Terme employé par les marins pour désigner le Nord-Ouest.

P

Palan - Appareil composé d'un cordage circulant à travers deux ou plusieurs poulies, afin d'augmenter la force de traction.
Pertuis - Terme désignant les détroits du littoral charentais, c'est-à-dire les zones situées entre les îles et la côte.
Polder - Zone gagnée sur la mer au moyen de digues puis d'un système de drainage.

R

Raz - Parages maritimes situés devant un cap, et parcourus par de violents courants de marée.
Ria - Désigne, en Bretagne Sud, des estuaires par lesquels la mer s'enfonce loin dans les terres. Dans le Finistère, on dit « aber ».

S

Saunier - Personne travaillant dans un marais salant ou exerçant le commerce du sel.
Sémaphore - Poste d'observation de la côte, assurant principalement des fonctions de sécurité.
Suroît - Terme employé par les marins pour désigner le Sud-Ouest.

T

Triolle - Épuisette servant à capturer les poissons dans les écluses à poisson d'Oléron.
Tumulus - Monument mégalithique appelé aussi cairn, qui était vraisemblablement une sépulture.

V

Vives-eaux - Terme désignant les grandes marées.

REMERCIEMENTS :
Bruno Barbier remercie M. Jean-Luc Jourdain et Mme Suzanne Salaün (CDT Finistère), Mme Isabelle Chollet (CDT de la Manche), M. Georges de la Sablière, Mme Colette Martin (FNCDT).

Dominique Le Brun remercie en particulier les habitants de l'île de Molène, où il a eu le plaisir de séjourner longuement.

DIRECTION ÉDITORIALE :
Ghislaine Bavoillot

DIRECTION ARTISTIQUE ET CONCEPTION GRAPHIQUE :
Laurence Maillet

DIRECTION ARTISTIQUE FLAMMARION :
Antoine du Payrat

RESPONSABLE DE L'ÉDITION :
Nathalie Démoulin

LECTURE :
Jacqueline Menanteau

FABRICATION :
Elodie Conjat

PHOTOGRAVURE :
Edit-Press

NUMÉRO D'ÉDITION : FT0727
ISBN : 2082007278
DÉPÔT LÉGAL : octobre 2003

IMPRIMÉ EN ITALIE PAR :
Errestampa